JN314347

イノベーションの消費者行動

秋本昌士［著］

成文堂

はじめに

　本書の目的は、新規に市場導入された製品やサービスに対する消費者の反応を理解するための新たな視座を提供することである。

　マーケティング研究において「イノベーション」や「新しい」製品またはサービスの重要性は再三にわたって強調されてきたものの、「イノベーション」とは何か、「新しい」とは何か、という問いに対する解答はそれほど自明ではない。

　消費者情報処理パラダイムでは、伝統的に消費者の「態度」が最も中心的な概念として用いられてきたといってよいであろう。事実、消費者の「態度」による購買行動の説明と予測を目的とした理論的研究、実証的研究がきわめて多く見られ、その成果が豊富に蓄積されている。伝統的な枠組にしたがえば、新規の製品やサービスに対する消費者の反応を捉える最もオーソドックスな方法は、それに付与されたブランドに対する消費者の「態度」を測定することである。しかしながら、元来、「態度」とは、ある単体としてのブランドに対する消費者の絶対的評価にかかわる概念であり、複数のブランド間の相対的評価を示すものではない。

　これに対して、本書は次のような見解を提起するものである。なお、詳細については本文に譲りたい。

　「イノベーション」、および「革新性」は、本来的に相対的な概念である。具体的には、新規の実体（新規に市場導入された製品またはサービス）と既存の実体（既存の製品またはサービスなど）との関係の相対的情報処理、およびそれにもとづく新規の製品またはサービスの選択の結果として生じる。したがって、ある新規の製品またはサービスがいかに先端的で高度な技術に裏づけられていても、あるいは、それに対する消費者の絶対的評価が優れていても、消費者による相対的情報処理の結果として選択が実現されなければ、それは単なる「路傍の石」にすぎない。

- それゆえ、新規の製品またはサービスがイノベーションたりうる条件は、上記のような消費者による相対的情報処理が適切に生起され、選択が実現されることである。
- 消費者による新規の製品またはサービスの受容を促進するためには、それを、外部情報（刺激）、あるいは消費者個人の過去の経験によって形成された記憶中の知識や技能の体系に適切に位置づけ、相対的情報処理を起動することが必要不可欠である。

　新たに市場導入されたハイブリッド車に直面する消費者が、自らとハイブリッド車しか存在しない「真空状態」でこれに対峙し、情報処理を行う、とは考えにくい。消費者は、ハイブリッド車を既知のガソリン車と比較して、何がどの程度優れているのかを判断するかもしれない。店頭で初めてスマートフォンを手にした消費者は、なじみのある従来型の携帯電話との違いや共通点を知ろうとするであろう。iPadに初めて触れた消費者は、ノートパソコンと比較し、それが自分にとってどれだけ魅力的なものかを判断しようとするかもしれない。このように、消費者は自らの過去の経験によってガソリン車、従来型の携帯電話、ノートパソコンについての知識や技能の体系を記憶中に保持しており、ハイブリッド車、スマートフォン、iPadに新たに直面したとき、それらを体系のなかに位置づけるべく情報処理を行っている。本書では、このような情報処理形式（相対的情報処理）が特殊なものではなく、より一般的であると考える。

　上記のような見解にもとづいて、本書では、相対的情報処理についての包括的、体系的理論の構築、およびそれにかかわる代表的な先行研究の知見の整理を試みた。相対的情報処理の理論は、新規の製品やサービスの開発、およびその市場導入時のコミュニケーションに関する意思決定に資するものと期待される。

　もっとも、本書における上記のような試みは端緒についたばかりであり、また、筆者の力量不足のゆえに、さらなる検討の余地が残されていることは否めない。これについては今後の研究課題としたい。

　本書の執筆に至るまで、多くの先生方に御指導、御鞭撻を賜った。大学院

修士課程、博士後期課程在学中に浅学非才の筆者を指導教授として忍耐強く御指導くださった恩師である早稲田大学の武井寿先生にお礼を申し上げたい。また、同じく筆者の大学院時代に御指導、御支援をくださった早稲田大学の亀井昭宏先生、嶋村和恵先生、守口剛先生、恩藏直人先生、共同研究者である北星学園大学の韓文熙先生、筆者の本務校である愛知学院大学の加藤勇夫先生、寶多國弘先生、尾碕眞先生、脇田弘久先生、青木均先生、愛知学院大学産業研究所所長の岡田義昭先生にも心よりお礼を申し上げたい。今後、さらなる精進によって、先生方からの御恩に報いたい。

2012年2月

秋　本　昌　士

初出一覧

秋本昌士 (2004),「消費者行動研究における知識転移概念の再検討―カテゴリー・ベース処理と類推―」,『産業経営』, 35, 早稲田大学産業経営研究所。

秋本昌士 (2005),「消費者のイノベーション採用行動に影響を与える要因―消費者革新性概念の再考―」,『産業経営』, 37, 早稲田大学産業経営研究所。

秋本昌士・韓文熙 (2008),「参入タイミングと消費者の選好との関係」,『消費者行動研究』, 14 (1-2), 消費者行動研究学会。

秋本昌士 (2010),「マーケティングにおける製品またはサービスの『革新性』概念―『差異』としての革新性―」,『地域分析』, 49 (1), 愛知学院大学産業研究所。

目　　次

はしがき　i
初出一覧　iv

第1章　マーケティングにおける「イノベーション」 …………1
1．マーケティングにおける「イノベーション」研究（1）
2．マーケティングにおける「イノベーション」および「革新性」の定義と類型化（8）
3．マーケティングにおける「イノベーション」研究の今後の展開と本書の構成（10）

第2章　イノベーション理解のための視座 ……………………14
1．マーケティングにおけるイノベーションおよび革新性の実体論と関係論（14）
2．関係論の意義（16）
3．関係論的視座にもとづく先行研究（18）
4．関係論的視座による採用研究およびイノベーションのマネジメント（22）

第3章　構成的選択と推論 ………………………………………25
1．構成的選好および構成的選択の理論（25）
2．消費者の推論（38）
3．むすび（42）

第4章　消費者の目標 ……………………………………………45
1．目標の種類（45）
2．目標の構造（46）

3．目標の設定と遂行（48）
4．制御焦点理論（51）
5．むすび（57）

第5章　新規性の諸相1
　　　——類似性、共通性、代替関係、補完関係—— …………59
1．カテゴリー（59）
2．類推とメタファー（68）
3．カテゴリー間の関係（76）
4．むすび（82）

第6章　新規性の諸相2
　　　——差異—— ……………………………………………84
1．類似性および共通性としての新規性（84）
2．差異としての新規性（86）
3．むすび（106）

第7章　考慮集合の形成、および選択肢の評価と選択 ……108
1．考慮集合の形成（108）
2．考慮集合内の選択肢の評価と選択（112）
3．考慮集合内の選択肢間の関係（116）
4．むすび（124）

第8章　消費者の個人要因 ………………………………126
1．消費者個人の採用傾向にかかわる要因（126）
2．消費者の革新性と領域固有性（130）
3．消費者の革新性の抽象度と他次元性（131）
4．むすび（136）

第9章 製品またはサービスの市場導入における
　　　　ブランディングの論理 …………………………… *138*
　1．静態的視点によるブランディング（*139*）
　2．動態的視点によるブランディング
　　　――ブランド・アイデンティティの構築と育成――（*146*）
　3．ブランドと顧客との関係（*148*）
　4．むすび（*154*）

第10章 補　論 ……………………………………………… *157*
　1．接近可能性―診断性（*157*）
　2．解釈水準理論（*160*）

　引用文献 ……………………………………………………… *166*
　事項索引 ……………………………………………………… *182*

第1章 マーケティングにおける「イノベーション」

　広く知られているように、P. Drucker は、企業の目的が顧客の創造であり、マーケティングとイノベーションこそが企業が果たすべき最も重要な機能であると論じた（Drucker 1954）。これら2つの機能によって顧客満足が実現され、顧客の創造と維持が可能になる。その意味で、両機能をあわせて広義の「マーケティング」と捉えるべきであるといえる（嶋口 2000）。

　では、マーケティング研究においてイノベーションはどのように扱われてきたのであろうか。本章では、マーケティング研究におけるイノベーション研究の成果を整理し、本研究の位置づけを明らかにしたい。

1. マーケティングにおける「イノベーション」研究

　マーケティングにおいて「イノベーション」を明示的に扱った研究は、集計レベルに焦点を当てた研究と消費者個人のレベルにおける研究とに概ね分類することができる[1]。

　集計レベルにおける研究には E. M. Rogers の普及理論や F. M. Bass の新製品普及モデルなどを基礎とした研究などが含まれる（Bass 1969；Mahajan, Muller, and Bass 1990；Mahajan, Muller, and Wind 2000；Rogers 1962 など）。また、G. A. Moore が提唱した「キャズム (chasm)」理論は、Rogers の普及理論を基礎としている（Moore 1991）。

　一方、後者の消費者個人のレベルにおける研究は多様である。研究成果の蓄積が豊富な領域としては、採用過程についての研究、消費者個人の特性と採用行動との関係を明らかにしようとする研究、消費者によるイノベーションの採用を妨げる要因についての研究などがある。

　本章では、これらの領域における先行研究の成果を概略的に整理する。

1-1. 集計レベルにおけるイノベーションの普及研究
① Rogers の所説—普及研究の源流—

社会学者の E. M. Rogers は、社会システムにおけるイノベーションの普及過程を記述する理論—普及理論—を提唱した。普及理論はマーケティング研究にも援用され、新規に市場導入された製品やサービスが消費者に普及する過程の記述に用いられてきた。

Rogers はイノベーションの採用者を採用が早い順に「革新者（innovators）」、「早期採用者（early adopters）」、「早期多数派（early majority）」、「後期多数派（late majority）」、「遅滞者（laggards）」に分類した（図1）。各採用者カテゴリーの性質は互いに異なるという。革新者は「冒険的」な人々であり、地域社会との関係をそれほどもたないこと、イノベーションを採用するための豊富な資金をもつこと、技術を理解し活用する能力をもつこと、などを特徴とする。早期採用者は、革新者よりも地域社会との関係をもち、オピニオン・リーダーとして周囲の人びとから尊敬され、人々にイノベーションを普及させる役割を果たす。早期多数派は、「慎重派」とされ、イノベーションの採用についての意思決定を、革新者、早期採用者よりも、「慎重に」行う。早期採用者と後期多数派との「つなぎ役」として重要な役割を果たすという。後期多数派は、「懐疑派」といわれ、社会システムの成員のほとんどが採用するまでイノベーションを採用しない。後期多数派の採用を促すには、イノベーションの不確実性を取り除くことが必要である。「遅滞者」は、「因習派」とも称され、因習的な価値観をもつ仲間と交流する、経済的に豊かではない、といった特徴を持つ。以上の見解にもとづいて各採用者カテゴリーに応じたコミュニケーションの方法が提示されてきた。

また、Rogers は、イノベーションが社会システムの成員に採用される相対的な速度を決定する要因として、「相対的優位性（relative advantage）」、「両立可能性（compatibility）」、「複雑性（complexity）」、「試行可能性（trialability）」、「観察可能性（observability）」の5つを挙げている。

相対的優位性とは、「新たに生じたイノベーションが既存のアイデアよりもよいものであると知覚される程度」のことである。両立可能性とは、「イノベーションが潜在的採用者の既存の価値観、過去の経験、ニーズと矛盾し

図1　革新性にもとづく採用者の分類

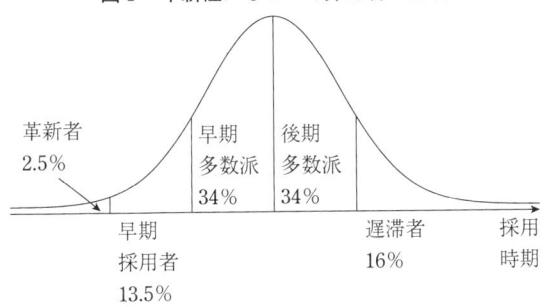

革新者 2.5%
早期多数派 34%
後期多数派 34%
早期採用者 13.5%
遅滞者 16%
採用時期

Rogers, E. M. (2003), *Diffusion of innovations the 5th edition*, The Free Press, p. 281, Figure 7-3.

ないと知覚される程度」である。複雑さとは、「イノベーションの理解や使用が相対的に困難であると知覚される程度」のことをいう。試行可能性は、「イノベーションを経験することができる程度」である。最後に、観察可能性は、「イノベーションの結果が他の人びとの目に触れる程度」をいう。

相対的優位性、両立可能性、試行可能性、観察可能性が高いほど、採用の速度が上昇し、複雑性が増大するほど、採用の速度は低下する。

② Mooreの所説―ハイテク製品の普及理論―

G. Mooreは、Rogersの普及理論に依拠して、BtoB市場におけるハイテク製品の普及現象を説明し、ハイテク製品のマーケティングに対する実践的示唆を提起している。

Mooreによれば、多くのハイテク製品は、Rogersの採用者カテゴリーにおける最初の「革新者」と2番目の「早期採用者」に対する普及には成功するものの、3番目の早期多数派以降への普及に失敗することが多いという。Mooreは、この2つの採用者カテゴリーの境界を比喩的に「キャズム (chasm)」と称した[2]。このキャズムを無事に通過することが、ハイテク製品のマーケティングにおいて重要な課題となる。彼によれば、早期多数派は「実用主義者 (pragmatist)」であり、「着実で、成果の測定が可能な進歩」を求めている、リスクを忌避する、知名度の高いベンダーから購買しようとする、価格に対して敏感である、といった特徴をもつ。

Mooreは、キャズムを無事に通過するための方法、言い換えれば、実用

主義者である早期多数派による採用を実現する方法として、小規模な部分市場に集中してマーケティング活動を展開すること、「全体製品（whole product）」を提供すること、早期多数派に対応した適切な流通チャネルを選択すること、などを挙げている。「全体製品」とは、「本来の製品に各種のサービスや補助的な製品を付加」した製品のことであり、「中核製品（core product）」とそれ以外に顧客に必要とされるものからなる。

③ Bassモデルとその展開

マーケティングの研究領域では、Bass（1969）が提起した新製品普及モデル―いわゆる「Bassモデル」―がイノベーションの普及研究の嚆矢となり、それ以降、数多くの研究成果が提出されてきた（Mahajan, Muller, and Bass 1990）。

Bassモデルは次のような基本的前提による（図2）。まず、イノベーションの潜在的採用者が2つのコミュニケーション手段―マス・メディアとクチコミ―によって影響を受けることである。潜在的採用者は、「革新者（innovators）」と「模倣者（imitaters）」の2つに分けることができる。革新者はマス・メディアによる影響（外的影響）のみを受け、模倣者はクチコミによる影響（内的影響）のみを受ける。図Aが示すように、革新者は普及過程において常に存在していることが仮定されている。したがって、Bassモデルにおける「革新者」とRogersが規定した「革新者」とは同義ではないことに注意が必要である。また、Bのように、非累積的採用者数はT^*において最大になり、この時点を中心として左右対称の分布を示す。

Mahajan, Muller, and Wind（2000）は、普及研究の成果が示唆をもたらす企業の戦略的意思決定を、普及開始前および普及開始時における意思決定と普及開始後における意思決定に分けて整理している。まず、普及開始前および普及開始時における戦略的意思決定として、需要予測、製品サンプリングの実施、の2つを挙げている。一方、普及開始後における意思決定として、後続製品の導入タイミング、生産能力の調整、海賊版に対する対応、知的財産権の侵害に対する対応、があるという。

図2　Bassによる新製品普及モデル

A. Bassモデルにおける外的影響、および内的影響による採用

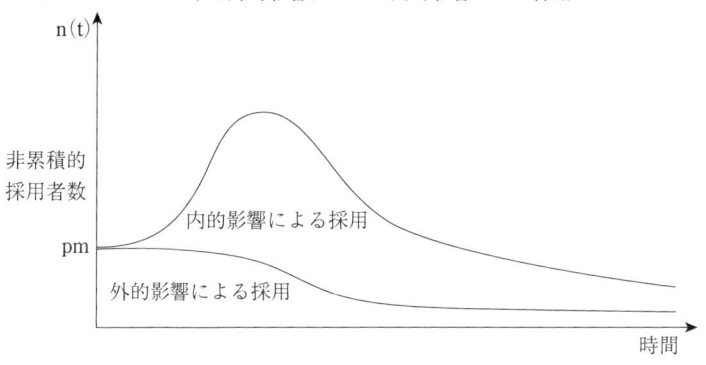

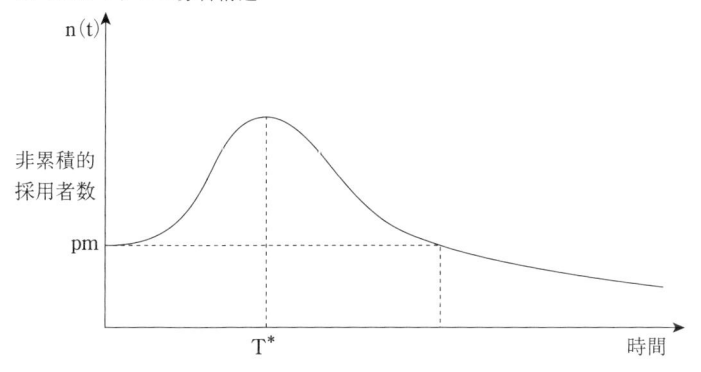

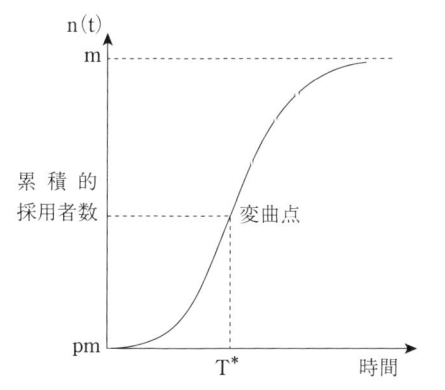

内的影響による採用

外的影響による採用

B. Bassモデルの分析構造

変曲点

Mahajan, V., E. Muller, and Y. Wind (2000), *New-Product Diffusion Models, Springer,* p. 5, Figure1.1.

1-2．消費者の個人レベルに焦点を当てた研究
① 採用過程に関する研究

マーケティングにおいて個人としての消費者がイノベーションを受容、採用する過程についての研究は、伝統的にいわゆる「効果階層モデル（hierarchy of effects）」に依拠していた（Olshavsky and Spreng 1996）。この種のモデルは、認知的反応、情緒的反応、行動的反応という3つの段階がこれらの順に生起すると仮定する（岸 2004）。Rogersのイノベーション意思決定過程モデルをはじめとして、AIDAモデル、McGuireモデル、Lavidge and Steinerモデル、DAGMARモデルなどがこれに含まれる（Olshavsky and Spreng 1996）。例えば、Rogersは、知識段階、説得段階、決定段階、導入段階、確認段階の順にイノベーションの採用についての意思決定が進行すると仮定している。

これに対して、Gatignon and Robertson（1991）は、採用過程を効果階層モデルによって説明することの限界を指摘し、採用過程研究に対する消費者情報処理アプローチの導入を提唱した。また、これらのモデルに対しては、実際の採用過程がこの順序どおり直線的に推移するか否かを実証した研究が少ないこと、各段階がきわめて抽象的であること、特にイノベーションに対する評価の側面を検証した研究がきわめて少ないことなどが指摘されている（Olshavsky and Spreng 1996）。

一方、1990年代後半以降、消費者情報処理パラダイムにおける多くの研究が―明示的にイノベーションや革新性といった概念に言及していなくとも―採用過程についての示唆を提供している。

次章以降では、消費者情報処理パラダイムに依拠し、消費者によるイノベーションの採用過程を詳述したい。

② 消費者の個人要因に関する研究

新しい製品やサービスに対する採用傾向や採用時期に影響を与える消費者個人の要因については、豊富な研究成果の蓄積がみられる。これらについては第8章「消費者の個人要因」において詳述する。

③ イノベーションへの抵抗に関する研究

イノベーションの採用や普及といった肯定的な結果だけでなく、否定的な

結果―消費者によるイノベーションへの抵抗（resistance to innovation）―に焦点を当てた研究も見られる。

　Sheth（1981）は、圧倒的多数の人々は変化への願望をアプリオリにもっているわけではないため、われわれは採用の理由よりも抵抗の理由を理解するべきである、と論じた。また、彼は、抵抗の主な要因は知覚リスクであり、物理的、社会的、経済的結果、パフォーマンスの不確実性、イノベーションの副作用の知覚が知覚リスクの主な内容であると述べている。Ram（1989）は、知覚リスクに加え、認知的抵抗（cognitive resistance）もイノベーションに対する抵抗の要因であるとし、抵抗を低減するための方法を実証研究によって明らかにした。Ram and Sheth（1989）は、イノベーションの採用に対する障壁として、使用方法、価値観、リスク、伝統、イメージの5つを挙げている。Mick and Fournier（1998）は、現代社会において技術的イノベーションは消費者に対して肯定的な結果と同時に否定的結果をももたらす存在であると論じ、技術的イノベーションがもつパラドクスとして「統制」と「混沌」、「自由」と「隷属」、「新しさ」と「陳腐さ」などを挙げた。Mickらは、パラドクスに対する消費者の情緒的反応として「不安」と「ストレス」を、パラドクスへの対処方略として「無視する」、「拒絶する」、「遅延する」などを挙げている。Bagozzi and Lee（1999）は、イノベーションへの抵抗および受容の過程を、採用か非採用かについての意思決定過程である「目標設定（goal setting）」と実際の採用過程である「目標遂行（goal striving）」の2つの過程に分割し、イノベーションに対する抵抗が生じるメカニズムを説明している。目標設定は「イノベーションに対する初期反応」、「目標設定のための知覚および評価過程」、「情緒的受容および抵抗」、「対処反応」、「採用の意思決定」、の5つの段階からなる。一方、目標遂行は「目標遂行のための手段の評価および選択」、「行為計画」、「目標遂行の開始」、「目標遂行の統制」、「現実の採用または非採用」の5段階から構成されるという。

　近年では、行動的意思決定研究の理論や概念を用いて抵抗のメカニズムを説明する試みがなされている。また、消費者情報処理パラダイムに依拠した研究のうち、明示的ではなくともイノベーションの採用過程について言及し、抵抗を解消または軽減するための方法を示唆するものも見られる。

2．マーケティングにおける「イノベーション」および「革新性」の定義と類型化

2-1．イノベーションおよび革新性の定義

本書では、「革新性（innovativeness）」を「ある主体にとっての価値をともなう新規性」、イノベーションを「革新性をともなう製品またはサービス」、とそれぞれ定義する。

このような概念規定を行う理由は、多くの先行研究がイノベーション、および革新性を概ね次の2つのニュアンスを含むものとして用いてきたことにある。

第1は、「新規性（newness）」である。マーケティングにおける多くの定義が、明示的に新規性をイノベーションや革新性の要件としている。イノベーションの普及研究の嚆矢であるRogers（1962）は、イノベーションを「個人またはその他の採用単位によって新しいと知覚されるアイデア、実践、対象」と定義している。アメリカ・マーケティング協会（American Marketing Association）によれば、マーケティングにおいてイノベーションは「新しい製品、アイデア、サービスの市場への導入」という意味で用いられてきた。マーケティングにおけるイノベーション研究で数多くの研究者によって参照されてきたRobertson（1967）は、イノベーションが生起する過程を、「既存の諸形態と質的に異なる新しい考え、行動、モノが知覚され、実現される」過程、と規定した。RogersとRobertsonは、何らかの新しい対象がある主体によって知覚されることがイノベーションの要件であることを強調している。マーケティングの文脈において、「対象」は製品やサービスを指し、「アイデア」、「考え」は市場において製品やサービスに具現化され、また「実践」、「行動」は製品やサービスを通じて成立するとすれば、上記の3つの定義は「ある主体に新しいと知覚される製品またはサービス」と要約することができるであろう。

第2は、「価値（value）」である。Druckerが『イノベーションと起業家精神』のなかで、イノベーションが社会や消費者に対して価値や満足を提供するものであることを繰り返し強調したように、先行研究の多くは—明示的で

あるか否かを問わず―革新性が単なる新規性と同義ではなく、何らかの価値をともなうことを前提としている。

　以上から、イノベーション、および革新性が「新規性」と「価値」という2つの主要な成分を含むものと考え、本書では、本項の冒頭で示した定義を採用する。

　なお、「革新性（innovativeness）」や「新規性（newness）」に類似した概念として、「新奇性（novelty）」が用いられることがある。新奇性は、消費者の心理的傾向を示す「新奇性追求（novelty seeking）」概念（第8章「消費者の個人要因」において詳述）に見られるように、「珍しさ」、「目新しさ」といったニュアンスを含む新規性、と規定することができる。

2-2. イノベーションの類型化

　マーケティングにおけるイノベーション研究では、数は少ないものの、イノベーションの類型化を試みた研究もみられる。これらの類型化は2つの特徴をもつ。

　第1は、既存の実体―旧来の技術、製品、サービスなど―との相対的関係において革新性の程度が規定されていることである。例えば、「連続的」―「非連続的」、「急進的」―「漸進的」といった次元は、新規の実体が基準となる既存の実体とどの程度の差異をもつのか、既存の実体からどの程度変化しているのか、を示す。このことは、本書の基本的な視座である関係論の意義と密接に関係している。詳細については次章に譲りたい。

　第2は、類型化の試みのほとんどが、革新性の量的側面―どの程度革新的か―を強調し、質的側面―どのように革新的か―に焦点を当てていないことである。Robertsonは、「連続的イノベーション（continuous innovations）」、「動態的連続的イノベーション（dynamically continuous innovations）」、「非連続的イノベーション（discontinuous innovations）」の3つの類型を提示している。連続的イノベーションは「確立されたパターンに対する破壊的な影響が最小限のイノベーション」であり、既存製品の変更をいう。動態的連続的イノベーションは「連続的イノベーションよりも破壊的であるが、確立されたパターンを全面的に変更するものではない」イノベーションであり、新製品の導

入や既存製品の変更を意味する。非連続的イノベーションとは、「新製品の確立」であり、「新しい行動パターンの確立」をいう。Chandy and Tellis (2000) は、「漸進的 (incremental)」、「市場躍進的 (market breakthrough)」、「技術躍進的 (technological breakthrough)」、「急進的 (radical)」の4類型を提示している。いずれも、革新性の程度に焦点を当てるものであるが、革新性の程度をどのように認識し、類型化を行うかは論者によって異なる。しかしながら、近年では、革新性の質的側面—どのように革新的か—に焦点を当てた研究が見られるようになってきた。これについては、主として第5章「新規性の諸相1」、第6章「新規性の諸相2」において詳述する。

3. マーケティングにおける「イノベーション」研究の今後の展開と本書の構成

本章の第1節と第2節では、マーケティング研究において「イノベーション」や「革新性」といった概念を直接的に扱った研究を概観し、整理した。まず、第1節では、集計レベルにおけるイノベーションの普及に関する代表的な研究として、E. M. Rogers、G. Moore、F. M. Bass らの所説を取り上げ、それぞれの概要について述べた。第2節では、イノベーション、および革新性の概念規定と類型化を先行研究にもとづいて行った。

これらの研究成果がイノベーションに対する研究者や実務家の理解を助け、学問的示唆、および実践的示唆を提供してきたことは、疑いのないところである。しかしながら、消費者情報処理パラダイムに依拠した研究において蓄積されてきた膨大な知見を用いることによって、イノベーションについてのより豊かな知見を得ることが期待される。

次章「イノベーション理解のための視座」では、イノベーション、および革新性をめぐる「実体論」と「関係論」という2つの視座、および消費者の「相対的情報処理」の概念を提起し、それぞれの概要と意義について論じる。

第3章「構成的選択と推論」では、「構成的選好 (constructive preference)」、および「構成的選択 (constructive choice)」の概念について、Bettman, Luce, and Payne (1998) を中心に詳しく論じる。また、消費者の情報処理過程における「推論 (inference)」について整理する。「構成的選好」、「構成的選

択」、「推論」は、個人としての消費者によるイノベーションの採用過程を相対的情報処理過程として理解する際の中核的な概念に位置づけられる。

第4章「消費者の目標」では、消費者の「目標（goal）」について論じる。Bagozzi and Dholokia（1999）が「多くの消費者行動は目標志向的である」と論じるように、消費者の目標は消費者行動のあらゆる側面に影響をおよぼすきわめて重要な要因であり、消費者の相対的情報処理の各側面も目標によって大きな影響を受ける。特に、近年、消費者の動機づけや目標に関するものとして多くの研究者に重要視されている「制御焦点理論（regulatory focus theory）」について、その概要を述べ、いくつかの先行研究の成果を整理する。

第5章「新規性の諸相1」では、「カテゴリー」、「類推」、「メタファー」といった相対的情報処理に関係する概念について先行研究の知見を整理する。伝統的に、新規の製品やサービスに対する消費者の情報処理は「カテゴリー」概念を用いることによって説明されてきた。また、1990年代後半以降、マーケティング研究において、新規性の高い製品やサービスについての情報取得の方法として「類推」、および「メタファー」などが研究対象とされてきた。本章では、特に、「カテゴリー・ラベル」を超越した消費者の相対的情報処理、カテゴリー間の関係についての相対的情報処理に焦点を当てて論じる。

第6章「新規性の諸相2」では、製品やサービスの「新規性」を新旧の提供物間の差異と規定し、差異を「新規の属性の追加による差異」、「既存属性の便益増大による差異」、「既存属性の削減による差異」、「既存属性が提供する便益の低減による差異」の4種類に類型化した。これらのなかで、特に新規属性の追加による差異、および既存属性の便益増大による差異を取り上げ、差異の種類と消費者の選好との関係を検証した。具体的には、心理学からマーケティング研究に援用された「構造整列理論（structural alignment theory）」を理論的枠組として採用し、他の条件を一定としたとき、新規属性の追加によって差異が形成されたときよりも、既存属性の便益増大によって差異が形成されたときのほうが、消費者の選好が高まることを実験によって明らかにした。

第7章「考慮集合の形成、および選択肢の評価と選択」では、考慮集合の

形成に影響を与える要因、考慮集合内の選択肢の評価と選択のあり方、考慮集合内の選択肢間の関係が評価に与える影響、について論じた。

第8章「消費者の個人要因」では、個人としての消費者によるイノベーションの採用に影響を与える要因についての先行研究を整理し、今後の研究の展望について論じた。

第9章「製品またはサービスの市場導入におけるブランディングの論理」では、市場導入される製品やサービスとブランドとのかかわりについて述べた。具体的には、新規の製品やサービスを市場導入する際の指針となるブランディングの論理を、静態的視点によるブランディングの論理、動態的視点によるブランディングの論理、ブランドと顧客との「関係」にもとづくブランディングの論理に分けて論じた。なお、本章では、「関係」概念を、本書が提唱するイノベーションや革新性の関係論における「関係」とは異なる意味で用いている。

本書の主張は、マーケティングにおいて次のような意義をもつ。

第1に、「イノベーション、および革新性の実体論と関係論」、「消費者による相対的情報処理」といった、イノベーションや革新性の理解のための新たな視座を提供することである。この視座によって、われわれはイノベーションや革新性に対するより包括的、体系的な理解を得ることができる。イノベーションに関係する現象は複雑かつ多様であり、それを説明、分析するための理論や概念もまた多様で混沌としている。本書で提起する視座によって、イノベーション、革新性、あるいはそれにまつわる対象や事象をより簡潔に理解することが期待される。

多くの研究者や実務家は「新しい」製品やサービスが企業の存続や成長にとって重要であることを認識しているであろう。しかしながら、われわれは、イノベーションや革新性といったきわめて重要な概念についての議論をマーケティングの文脈において徹底的に行ってきたであろうか。「新しい」製品やサービスはどのようにあるべきか。そもそもマーケティングにおいて「新しい」とは何か。本書は、まさに「新しさ」についての新たな視座を提供するものである。

第2に、本書で提起された視座によって、多くの実践的示唆を得ることが

期待される。特に、新しい製品やサービスの開発、およびその市場導入時におけるコミュニケーションに対して、豊かな示唆を得ることができると考える。その具体的な内容については、各章の論述に譲りたい。

1　消費者とイノベーションとの関係を扱った研究には、消費者自身によるイノベーションの創造や消費者間の相互作用を対象としたものが見られる。本章では、議論の焦点を絞るため、この種の研究は対象としないこととする。
2　ただし、RogersはMooreの見解に批判的である。Rogersによれば、普及過程は「連続的」であり、「採用者カテゴリー間に明確な断絶や不連続はない」という。

第 2 章　イノベーション理解のための視座

　前章では、「イノベーション」および「革新性」が「新規性」と「価値」という 2 つのニュアンスを含むという前提にもとづいて、革新性を「ある主体にとっての価値をともなう新規性」、イノベーションを「革新性をともなう製品またはサービス」、とそれぞれ定義した。

　本章では、イノベーションや革新性に対する実体論的視座と関係論的視座との識別を行い、特に後者の意義について論じる。また、「相対的情報処理」の概念を提起し、その概要と意義について述べる。

　なお、本章の主旨は、実体論的視座の意義を否定するものではなく、関係論的視座というもう一つの視座に依拠することによって、イノベーションに関する新たな理論的示唆、実践的示唆がもたらされることを主張するものである。「実体―関係」の図式を採用することによって、近年のマーケティング研究における豊富な知見を包括的、体系的に整理することが容易になる。また、こういった図式を採用することによって、新規の製品やサービスの開発、およびその市場導入時におけるコミュニケーションに対して新たな示唆を得ることが期待される。

1．マーケティングにおけるイノベーションおよび革新性の実体論と関係論

　本章では、イノベーションおよび革新性を理解するための 2 つの視座を提示する。

　1 つは、イノベーションおよび革新性に対する「実体論的視座」である（図 1-A）。この視座によれば、イノベーションとは①企業が何らかの技術やノウハウを背景として製品やサービスに新しい価値を付与することによって形成され、②企業によって消費者に提供される（または消費者によって受容される）実体である。伝統的に、イノベーションや革新性はこの視座によって理

1．マーケティングにおけるイノベーションおよび革新性の実体論と関係論

図1　イノベーションをめぐる実体論と関係論

A．実体論的視座にもとづくイノベーション

```
           ┌──────────┐
           │   企業   │
           └────┬─────┘
                │ ①新たな価値形成
                ▼
        ┌──────────────────┐
        │ 実体としてのイノベーション │
        └────┬─────────────┘
                │ ②企業による提供
                │ および消費者による受容
                ▼
        ┌──────────────────┐
        │ 個人としての消費者 │
        └──────────────────┘
```

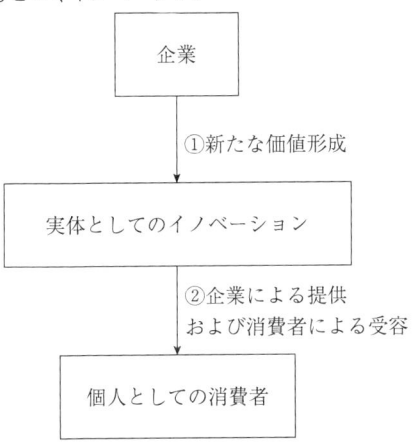

B．関係論的視座にもとづくイノベーション

①実体間の
相対的関係

類似性
差異
共通性
代替関係
補完関係
など

┌──────────────────────────┐　　　┌──────────────────────────┐
│ 旧来の実体　　　　　　　　│←→│ 新規の実体　　　　　　　　│
│ （外部情報（刺激）、または記憶 │　　　│ 外部情報（刺激）としての　│
│ 中にある内部情報としての既存 │　　　│ 新規の製品またはサービスなど）│
│ の製品またはサービスなど）　│　　　│　　　　　　　　　　　　　　│
└──────────────────────────┘　　　└──────────────────────────┘

②相対的情報処理
注意
情報取得
評価
など

消費者による相対的情報処理の
結果としてのイノベーションの生成

┌──────────────────┐
│ 個人としての消費者 │
└──────────────────┘

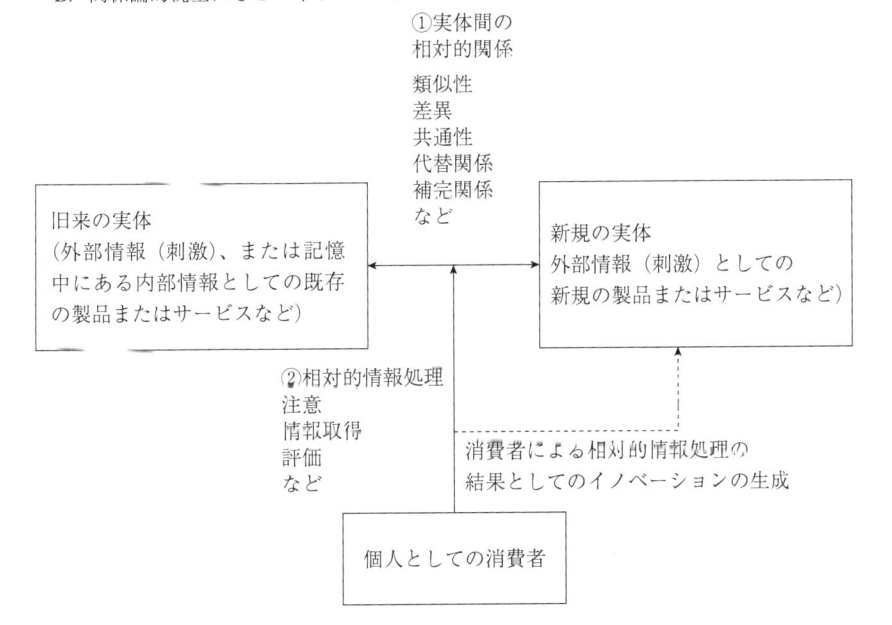

解されてきたといってよいであろう。嶋口・石井（1987）は、現代のマーケティング活動を「よき関係を維持しながら取引を通じてなんらかの満足価値を市場に提供ないし創造し、その見返りとして存続・成長の糧を得る」こととしたうえで、価値形成活動、価値表示活動、価値実現活動、価値伝達活動を価値創造活動の構成要素とした。前章で述べた効果階層モデルに依拠した採用過程に関する研究群は、企業が形成した実体としてのイノベーションを消費者が受容する過程を描写するものであった。また、M. E. Porter（1985）が提起した「価値連鎖（value chain）」は、主活動と支援活動からなる価値創造のための活動の集合体と規定されており、基本的にこの視座によるものと理解される。

もう1つは、「関係論的視座」である（図1-B）。関係論的視座によれば、イノベーションは、①既存の実体と新規の実体との関係、および②新旧実体間の関係と消費者との関係の2種類の関係の結果として生起するものとして理解される。①は、新旧の市場提供物間の差異、類似性、共通性、代替関係、補完関係などを内容とする。消費者情報処理パラダイムに即して述べれば、関係論的視座とは、新旧の提供物間の関係に対する消費者の情報処理と選択の結果としてイノベーションが生起する、という見解である。このような、単体としての製品やサービスではなく、複数の提供物どうしの関係についての情報処理を、ここでは「相対的情報処理」と称することにする。

次章以降で詳述するように、近年では、関係論的視座にもとづく多くの研究が活発な議論を展開し、豊富な研究成果を提出しつつある。

2．関係論の意義

関係論的視座によってイノベーションや革新性を理解することの意義は、次のように整理される。

第1に、ある製品またはサービスが「革新的」であるか否か、あるいはどの程度「革新的」であるかは認識主体によって異なるため、イノベーションや革新性を可能な限り認識主体に即して理解することが望ましいことが挙げられる。Garcia and Calantone（2002）は、先行研究においてイノベーショ

ンや革新性を認識する主体がさまざまに想定されているため、これらの概念が多様に規定され、議論に混乱が生じてきたことを、膨大な文献レビューの結果にもとづいて指摘している。このことは、客観的には同一の提供物であっても、その認識主体—経営者、技術者、製品やサービスの開発者、消費者など—によって革新性の有無や程度が異なり、主体との関係を無視して客観的な革新性を仮定することが難しいことを意味している。したがって、イノベーションや革新性は可能な限り認識主体の主観に即して捉えるべきであり、特に、マーケティングの文脈においては、製品やサービスの客観的な「新規性」と消費者個人の主観にもとづく「革新性」—消費者という認識主体にとっての価値をともなう新規性—とを区別することが妥当であると考えられる。

第2に、消費者による新規の製品やサービスの購買行動は、本来的に、相対的な判断にもとづく選択行動であり、新規のものと既存のものとを選択肢とする選択行動である。消費者情報処理パラダイムに依拠して換言すれば、新旧の製品またはサービスについての相対的な情報処理—注意、情報取得、評価—の結果として選択行動が生じるのである。現在の消費者行動研究の主流を占める消費者情報処理パラダイムの嚆矢である Bettman (1979) の著作のタイトルが "An Information Processing Theory of Consumer Choice" であり、それを継承、発展させた Bettman, Luce, and Payne (1998) による論文のタイトルが "Constructive Consumer Choice Processes" であったように、消費者情報処理パラダイムの正統は、まさに相対的な判断にもとづく選択行動に焦点を当ててきたといえる[1]。消費者による選択、およびそれに至るまでの相対的情報処理過程については、第3章「構成的選択と推論」において詳述する。

第3に、選択、すなわち購買に至るまでの製品やサービスに対する消費者の情報処理が、他の製品やサービスとの相対的関係に影響を受ける点である。ある製品やサービスの情報取得や評価は、それが帰属するカテゴリーによって影響を受けるといわれる（第5章「新規性の諸相1」参照）。また、消費者は、類推やメタファーといった方法によって、他の実体（他の製品やサービス、その他の実体）についての既存知識を有効に利用しつつ新規の製品やサー

ビスについての情報取得を行うことがある（第5章「新規性の諸相1」参照）。さらに、新規の製品またはサービスと旧来の提供物との差異の種類によって、新規のものに対する評価が変化するといわれている（第6章「新規性の諸相2」参照）。近年の消費者行動研究では、魅力効果、妥協効果、補完的推論の効果、知覚焦点効果といった現象が確認されており、ある製品またはサービス単体に対する知覚や評価の結果と、同一の提供物に対する相対的な知覚や評価の結果とは必ずしも一致しないことが明らかになっている（第7章「考慮集合の形成、および選択肢の評価と選択」参照）。

　第4に、近年、相対的な情報処理を促進するコミュニケーション環境が進展、拡大しつつあることである。1990年代後半以降、インターネットが普及し、近年では、各種のショッピング・サイト、価格比較サイト、掲示板、ブログ、SNSなどのように、コミュニケーション手段が多様化している。伝統的なコミュニケーション手段に加えて、こういった新たな手段を用いて、さまざまな種類の製品やサービスを相互に参照し、購買や消費を行う環境が進展、拡大しているといえるであろう。

　最後に、現在、多くの市場において、グローバル化や規制緩和、競争の形態の多様化[2]などの要因によって、競争が熾烈化していることが挙げられる。競争の熾烈化は消費者にとって選択肢の増加を意味し、消費者によるより厳しい相対的判断と選択をもたらすことになる。

　以上から、本書では、イノベーション、革新性の関係論的視座を提起し、消費者による相対的情報処理に焦点を当てる。

3．関係論的視座にもとづく先行研究

　近年では、イノベーションや革新性といった概念に直接的に言及していなくても、関係論的視座に依拠し、マーケティングにおけるイノベーション研究に対する理論的示唆を提供するだけでなく、新規の製品やサービスの開発、および市場導入時におけるコミュニケーションに対する豊穣な実践的示唆をもたらす研究が数多く見られるようになってきた。

　本節では、行動的意思決定研究および消費者情報処理パラダイムにおいて

関係論的視座にもとづいた先行研究の例をいくつか挙げる。

3-1. 行動的意思決定研究

近年、行動的意思決定研究における理論や概念を用いて、イノベーションに対する消費者の知覚や評価の傾向を説明する例が見られるようになってきた。

Gourville (2006) は、新製品が失敗する原因を「現状維持バイアス (status quo bias)」、「授かり効果 (endowment effect)」に求めている。

現状維持バイアスは、他の条件を一定としたとき現在の状態に対する選好が高くなる傾向をいう (Samuelson and Zeckhause 1988)。現状維持バイアスは「損失回避 (loss aversion)」によって生じると説明されてきた (Kahneman, Knetch, and Thaler 1991)。すなわち、選択場面における選択肢は現在の状態との比較において評価され、新規の対象に対する評価が現在の状態に対する評価より劣るとき損失、上回るとき利得と知覚されるが、損失と利得の水準が客観的に同程度のとき、利得よりも損失に対する重み付けが増大するという現象をいう (Kahneman and Tversky 1979)。マーケティングでは、Chernev (2004)[b] が消費者の「目標志向性 (goal orientation)」と現状に対する選好との関係を明らかにするなど、現状維持バイアスに関する実証研究が見られるようになった。現状維持バイアスは、新規の製品やサービスそのものではなく、新規の対象と旧来の状態（現在の状態）との比較にもとづく知覚や評価の傾向を捉えようとしている点において、関係論的視座を前提としていると捉えることができる。

一方、授かり効果は Thaler (1980) によって提唱された概念であり、人間は自らが所有するものとそうでないものとでは、両者が客観的には同等の価値をもつ場合でも、前者に対してより大きな価値を見出すという現象をさす。マーケティングにおいても、主として2005年以降、授かり効果に関係するいくつかの実証研究が提出されるようになった (Aggarwal and Zhang 2006；Brenner, Rottenstreich, Sood, and Bilgin 2007 など)。授かり効果は新規の製品やサービスと消費者が既に保有している旧来のものとの関係に対する知覚や評価の傾向を捉えるものであり、関係論的視座にもとづく概念であると理解す

ることができる。

　Gourvilleは、認知的なバイアスを低減または回避するための処方箋の1つとして、消費者の行動の変化を最小化することを挙げている。このことについては、消費者情報処理パラダイムにおける諸研究が消費者の認知の観点からより精緻な議論を展開している。

　われわれは、関係論的視座にもとづく行動的意思決定研究の成果から、消費者がイノベーションに対する知覚や評価においてどのような傾向をもつかについて、一定の知見を得ることができる。しかしながら、イノベーションの採用過程の説明やそれに影響を与える要因の解明については、消費者情報処理パラダイムにおける近年の研究成果を援用する必要がある。

3-2．消費者情報処理パラダイム

　既述のとおり、マーケティングにおける個人としての消費者によるイノベーションの採用過程についての研究は、いわゆる効果階層モデルにもとづくものであった。その後、消費者情報処理アプローチによって採用過程を説明する必要性が指摘された（Gatignon and Robertson 1991）。近年では、イノベーションや革新性について明示的に言及しないものの、消費者による相対的情報処理過程に関連する先行研究が数多く見られる。

① 類似性、共通性にもとづく消費者の情報処理
　　　―カテゴリー化、類推、メタファー―

　消費者行動研究では、消費者が記憶中の内部情報である「先行知識（prior knowledge）」を有効に利用して外部情報の取得を行うことが以前から仮定されてきた（Alba and Hutchinson 1987）。消費者の先行知識を扱った研究では、先行知識の程度を独立変数、情報探索や情報処理の形式などを従属変数として両者の関係を明らかにするといったように、知識の「量的側面」に焦点を当てたものが主流であった（青木1993）。一方で、1980年代から1990年代にかけて、「質的側面」に関する研究、すなわち先行知識の構造を扱ったもの（Mitchell and Dacin 1997; Walker, Celsi, and Olson 1987; Kanwar, Olson, and Sims 1981など）や内容を対象とするもの（Brucks 1986; Mitchell and Dacin 1997など）もいくつか見られた。

これに対して、消費者が先行知識をいかに利用して情報処理を行うかについては、伝統的に、「カテゴリー」概念によって説明されてきた。また、1990年代後半以降、先行知識を利用した情報取得の方法として「類推 (analogy)」概念が J. Gregan-Paxton らによってマーケティングの研究領域に援用された (Gregan-Paxton and John 1997)。それ以降、類推に関連する多くの実証研究が提出されている (Gregan-Paxton, Hibbard, Brunel, and Azar 2002 ; Gregan-Paxton and Moreau 2003 ; Moreau, Lehmann, and Markman 2001 ; Moreau, Markman, and Lehmann 2001 ; Roehm and Sternthal 2001 など)。

　カテゴリー化、類推は、いずれも新旧実体間の相対的関係（対応関係）にもとづいた消費者の情報処理過程を説明しており、この点において関係論的視座によるものと理解することができる。最も重要なことは、これらの心的作用を支える「類似性 (similarity)」が特殊な状況のみに関係するのではなく、人間のあらゆる知的活動に一般的にかかわるということである（大西・鈴木 2001）。すなわち、消費者は新規の製品またはサービス単体についての情報処理を行っているというより、むしろ多くの場合に新旧の提供物間の類似性や共通性を基盤とした情報処理―カテゴリー化、類推―を行っている可能性がある。したがって、消費者による新規の製品やサービスの情報処理を容易化し、促進するためには、どのような提供物との類似性や共通性を知覚させるかについての意思決定を適切に行う必要がある。

　これらの概念については、第5章「新規性の諸相1」において詳述する。

② 差異に対する消費者の情報処理

　カテゴリー化、類推など新旧実体間の相対的関係に対する消費者の情報処理過程を説明する際、伝統的に、両者間の類似性や共通性 (commonality) に焦点が当てられてきた。

　これに対して、一般に新旧の提供物の間には類似性や共通性に加え、「差異 (difference)」も存在する。近年では、類似性や共通性だけでなく差異に言及した研究が増加しつつある。

　差異に対する消費者の情報処理については、第6章「新規性の諸相2」において詳しく検討する。

4．関係論的視座による採用研究およびイノベーションのマネジメント

　本章では、イノベーションや革新性を企業によって形成、提供され、消費者によって受容される実体として捉える視座を「実体論」、①新旧の市場提供物間の関係、および②「①新旧市場提供物間の関係」と消費者との関係に着目する視座を「関係論」、とそれぞれ称した。

　個人としての消費者によるイノベーションの採用に関する研究では、伝統的に、採用行動に影響を与える個人要因、イノベーションの抵抗といったテーマにおいて研究成果の蓄積がなされてきた。しかしながら、こういった研究群に加えて、必ずしも明示的、直接的にイノベーションや革新性といった概念に言及しないものの、採用研究に豊富な示唆をもたらす研究が新たな潮流を形成していると見ることができる。行動的意思決定研究から援用された理論や概念は、消費者にとっての新規の製品やサービスと旧来のものとの関係に対する知覚や評価の傾向を説明するものであった。また、消費者情報処理パラダイムにおけるいくつかの理論や概念は、新旧の製品またはサービスの関係—類似性、共通性、差異など—の情報処理についての説明を提供した。いずれにも共通しているのは、イノベーションや革新性を、企業が形成して消費者に提供し、消費者が受容する実体として捉えるのではなく、「2種類の関係」にもとづいて把握する点である。

　本章で概観したように、関係論的視座に立つ先行研究が活発に展開されつつあることから、今後も同様の研究が採用研究に示唆をもたらすと予想される。特に、新旧実体間の差異についての情報処理に焦点を当てた研究が多くの知見をもたらしつつあり、今後の展開が期待される。

　次に、関係論的視座にもとづく採用研究における体系化の可能性について言及したい。本章で概観したように、現在のところ、関係論的視座に依拠する採用研究はきわめて断片的に展開されている。しかしながら、消費者の選好および選択の理論を今後の採用研究における基底的な理論枠組として援用し、採用研究の体系化を図ることが可能であると考えられる。イノベーションの採用が、新旧の提供物を選択肢とする選択、採用か非採用かの選択、選

択か非選択かの選択、といったようにいくつかの選択によって成立するとすれば、イノベーションの採用過程を選択過程そのものとして把握することができる。1990年代以降、消費者行動研究において、消費者の選好や選択に関する研究が「構成（construction）」概念をキーワードとして急速に進展し、体系化されつつある。そして、選好形成および選択の理論や概念は、まさに本章で論じた関係、すなわち①実体間の関係（選択肢間の相対的関係）、および②①の関係と消費者との関係（選択肢間の比較による消費者の相対的な評価と選択）を捉える点において、関係論的視座に依拠するものといえる。この点については、次章において詳述する。

最後に、関係論的視座に依拠した諸研究がもたらす実践的な示唆について述べたい。関係論的視座によれば、製品やサービスの開発、市場導入時のコミュニケーションにおいて「2種類の関係」についての意思決定がもとめられる。この意思決定は、「2種類の関係」に対応して2つの側面をもつ。第1の側面は、新規の製品またはサービスとの関係の対象となる旧来の実体の選択、および関係の種類（類似性、共通性、差異）の決定であり、第2の側面は起動するべき相対的情報処理形式（カテゴリー化、類推、メタファーなど）の決定である。「2種類の関係」の意思決定を適切に行うことによって、消費者による情報取得の容易化や評価の向上が実現され、イノベーションの採用の可能性が高まることが期待される。詳細については、次章以降に譲りたい。

1　やや極論ではあるが、わが国の消費者行動研究の多くは、「態度（attitude）」概念に焦点を当ててきたといえるであろう。態度形成や態度変容は、いうまでもなく、購買意思決定過程そのものではなく、その一側面である評価にかかわる概念、より具体的にはあるブランドや広告媒体に対する消費者の絶対的評価にかかわる概念であり、相対的評価—他のブランドや広告などの実体との相対的関係のなかでの評価—を示す概念ではない。あるブランドに対する絶対的評価がいかに高くても、他のブランドに対する評価がそれを上回れば、そのブランドが選択される可能性は低くなってしまう。選択行動により直接的に影響を与える評価にかかわる概念は、消費者の相対的評価を示す「選好」である。消費者による購買行動こそがマーケターにとっての最大の関心事であるならば、われわれは選好とその直接的な帰結である選択に焦点を当て、これを「幹」とした理論構築を図るべきではないだろうか。

ただし、ここでの見解は態度研究の意義そのものを否定するものではないことを付記しておきたい。
2　伝統的に競争は、提供する製品やサービスの種類、その背後にある技術、事業の仕組みなどが類似した企業どうしで展開されるものとして把握されてきた。これに対して、近年、MicrosoftとGoogleとの関係のように、背後にある技術や事業の仕組みがまったく異なる企業間の競争関係が見られるようになり、一部の競争は伝統的な「業界」概念の枠内で捉えきれなくなってきている（山田 2007）。山田（2007）は、化粧品業界における花王、医薬品業界におけるキリンビールなどの例を挙げている。

第3章　構成的選択と推論

　前章では、われわれがイノベーションおよび革新性を理解する際の、消費者の相対的情報処理の意義について論じた。本章では、消費者の相対的情報処理過程のなかで「選択（choice）」―すなわち購買―に焦点を当て、その理論的枠組を提示する。さらに、新規に市場導入された製品またはサービスが選択―購買―にいたるまでの消費者の情報処理過程を「推論」過程と捉え、消費者の推論についての理論的整理を行う。

1．構成的選好および構成的選択の理論

1-1．理論の意義

　「iPhone を新たに購買するか、既に保有している従来型の携帯電話を保有し続けるか」、「外出先での仕事に iPad を使い始めるか、今までどおりノート・パソコンを使うか」、「テレビ番組の録画のために、新たに BD を採用するか DVD を使用し続けるか」、「環境と燃費を考えてハイブリッド車に切り替えるか、今の車に乗り続けるか」といったように、消費者による新規の製品やサービスの購買意思決定は、新規の製品またはサービスと旧来のものとの選択、いいかえれば新旧の提供物を選択肢とする選択であると捉えることができる。したがって、新規の製品やサービスの購買意思決定の本質が選択行動であると仮定し、消費者の選択に焦点を当てた概念モデルを、新規の製品やサービスの相対的情報処理過程を記述する包括的な理論枠組の中核に位置づけることが妥当であると考えられる。

　では、旧来の（消費者にとって既知の）製品やサービスのみを選択肢とする選択状況と新規の提供物が選択肢として含まれるような状況との相違は何か。それは、新たな選択肢に対する選好が明確に形成されているか否かにほかならない（Hoeffler 2003）。一般に、消費者が対象に対して豊富な経験をも

つとき、明確な選好が生じる（Bettman et al. 1998）。消費者は、既存の（消費者にとって既知の）製品やサービスに対して、新規の製品やサービスよりも豊富な経験をもつため、選好がより明確で安定的なものになる。こういった状況には、合理的選択理論が最もよく当てはまる（Bettman et al. 1998）。これに対して、新規の製品やサービスが選択肢として含まれる選好形成や選択はすぐれて構成的（constructive）であり、多くの場合、選択場面において選好が形成され、選択が実行される。なぜなら、新規の製品やサービスに対する選好は、記憶中に明確に保持されていないからである。そこで、本章では、新規に市場導入された製品またはサービスが新たな選択肢として追加され、選好形成、および選択に至る過程を、構成的選好、および構成的選択のモデルによって記述することを試みる。

1-2．理論的背景
① Bettman（1979）モデル

1979年にJ. R. Bettmanが"An Information Processing Theory of Consumer Choice"を出版したことを契機として、消費者情報処理パラダイムが消費者行動研究に導入され、それ以降、現在に至るまで、消費者行動研究における支配的なパラダイムとなっている。

Bettman（1979）が提起した「消費者の選択における情報処理理論」（図1）は、消費者の情報処理過程が「動機づけ・目標階層」、「注意」、「情報取得および評価」、「意思決定過程」、「消費および学習過程」という5つの側面からなる、と仮定する。同理論の全体的な特徴は、次のとおりである。

第1に、「目標（goal）」が情報処理の動機づけ要因として規定されている。これについては、第4章「消費者の目標」で詳述する。

第2に、消費者による「選択的注意（selective attention）」が仮定されている。人は環境中のすべての情報に対して注意を向けているのではなく、しばしば多くの情報の中から一部の情報にのみ注意を向け、知覚符号化や情報取得を行っており、どの情報が選択（select）されるかによって選択（choice）が大きな影響を受ける。選択的注意には、「自発的注意（voluntary attention）」と「非自発的注意（involuntary attention）」がある。自発的注意とは、「現在

1．構成的選好および構成的選択の理論

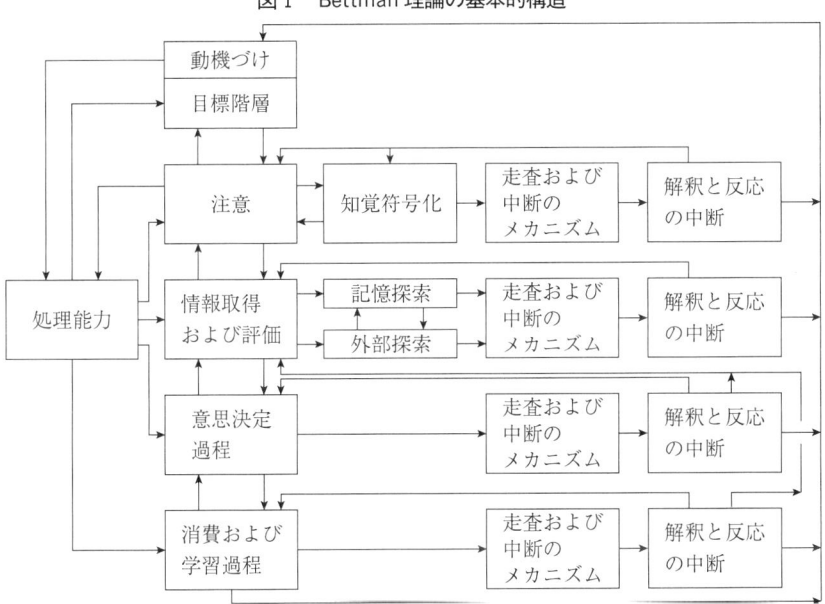

図1　Bettman 理論の基本的構造

```
                    動機づけ
                    目標階層
                      │
        ┌──→ 注意 ──→ 知覚符号化 ──→ 走査および中断のメカニズム ──→ 解釈と反応の中断
        │         │
処理能力 ├──→ 情報取得および評価 ──→ 記憶探索／外部探索 ──→ 走査および中断のメカニズム ──→ 解釈と反応の中断
        │         │
        ├──→ 意思決定過程 ──→ 走査および中断のメカニズム ──→ 解釈と反応の中断
        │         │
        └──→ 消費および学習過程 ──→ 走査および中断のメカニズム ──→ 解釈と反応の中断
```

Bettman, J. R. (1979), *An Information Processing Theory of Consumer Choice*, Addison-Wesley, p. 17, Fig. 2. 1.

の目標と計画に関連する活動に対して処理努力を意識的に割り当てること」である。自発的注意を促す要因は、注意時に活性化している目標である。非自発的注意に影響を与える要因は、「環境のなかで驚きをもたらすような側面、新奇な側面、脅威をもたらすような側面、予期していなかった側面、それら以外の知覚上顕著な側面」である。なお、自発的注意は、Feldman and Lynch (1988) が提唱した「接近可能性―診断性」枠組における「診断性 (diagnosticity)」に関連しており、非自発的注意は「接近可能性 (accessibility)」に関係するという (Bettman, Luce, and Payne 1998)。「接近可能性―診断性」については、第10章において詳述する。

第3に、生体外部の情報だけでなく記憶中の情報が重視されている。近年では、「接近可能性―診断性」が記憶中の情報の検索を説明する概念として用いられている。

第4に、消費者の情報処理のすべての側面―動機づけと目標、注意、情報

取得および評価、意思決定過程、消費および学習の過程―が相互に影響を与え合い、必ずしもこの順序で情報処理過程が進行するわけではない。例えば、ひとたび広告などによってあるブランドに対する情報取得や評価が行われた後、購買時点―小売店舗内やオンライン・ショップでの購買場面―において新たな刺激に対して選択的注意が発生し、情報取得や評価が行われるかもしれない。この点において、いくつかの段階が一定の順序にしたがって推移すると仮定する効果階層モデルと異なる。

第5に、消費者個人の情報処理能力が重視され、情報処理のすべての側面に影響を与えると仮定されている。Bettman (1979) 以降の消費者情報処理パラダイムに属する研究では、消費者の「熟達 (expertise)」が消費者の能力的要因を示す概念として重要視されてきた。

最後に、「注意」、「情報取得および評価」、「意思決定過程」、「消費および学習過程」のすべての側面について、選択環境を監視する「走査 (scanner)」、および現在の目標に関する活動の「中断 (interrupt)」を行うメカニズムが仮定されている。

以上のように、消費者情報処理パラダイムの嚆矢となった Bettman (1979) の理論では、消費者の生体外部における刺激よりも、生体内部の記憶中に貯蔵された情報、知識、技能、および消費者個人の処理能力が重視されている。

② 構成的選好および構成的選択のモデル

1990年代に入り、Bettman や J. W. Payne らによって構成的選択 (constructive choice) の概念モデルが提起され、消費者の選択に関する最も包括的なモデルの1つとして、多くの研究者らに参照されてきた (Bettman, Luce, and Payne 1998 ; Payne, Bettman, and Johnson 1993)。このモデルが日本の研究者によって参照されることはそれほど多くないが、Bettman, Luce, and Payne (1998) が Journal of Consumer Research 誌の過去3年間の同誌内での引用回数ランキングにおいて8番目 (56回) に位置していることから (2011年8月時点)、現在でもきわめて多くの研究者によって重視されていることがうかがえる。日本では、Payne, Bettman, and Johnson (1993)、および Bettman, Luce, and Payne (1998) を参照した研究は、筆者が知る限り、山本 (2001) な

ど一部の例外を除いて少ない。

　Payne et al. (1993)、および Bettman et al. (1998) らが提起した消費者の構成的選択モデルは、Bettman (1979) が提起した理論を継承している。具体的には、構成的選択モデルは、Bettman (1979) 理論における「意思決定過程」の側面に特に焦点を当てたものである。

　Bettman (1979) の理論、Payne et al. (1993)、および Bettman et al. (1998) の構成的選択モデルは、彼ら自身が明言するとおり、H. A. Simon (1955) をその源流とする。このような背景から、Payne et al. (1993)、および Bettman et al. (1998) の構成的選択モデルは、Simon の「限定合理性 (bounded rationality)」をはじめとする基本的な概念や主張を継承している。したがって、構成的選択モデルは、意思決定者が情報処理能力―記憶容量や計算能力―に限界をもつこと、意思決定者が刺激の絶対量ではなく、刺激の変化を知覚することを仮定する (Bettman, Luce, and Payne 1998)。

1-3．基本的命題

　Payne et al. (1993)、および Bettman et al. (1998) の選択モデルは、消費者の選好形成や選択を「構成的」、消費者を「適応的意思決定者 (adaptive decision maker)」と捉える。同モデルの最も基本的な命題は、人はしばしば明確な選好を持っておらず、選択場面において選好を形成する、というものである。つまり、人は明確な選好―いわば「選好のマスター・リスト (a master list of preferences)」―を記憶中に保持し、選択場面においてそれを参照して選択を行うのではない。選好はしばしば状況依存的、流動的であり、選択場面において形成され、それにもとづいて選択が行われるのである。特に、人は、意思決定要素になじみがないような課題、二者択一 (trade-off) が生じるような課題、自らの感情（肯定的な感情、および否定的な感情）を数値的に表現できないような課題、などの困難な意思決定課題に対して、自らの記憶中に保持している選好のみによって対応することができない (Lichtenstein and Slovic 2006)。このような課題に対しては、特に、意思決定場面において構成的に選好を形成し、選択を行うのである。

　ただし、次の2点には注意が必要である。第1に、選好は常に構成的であ

図2　Bettmanらによる消費者の構成的選択モデル

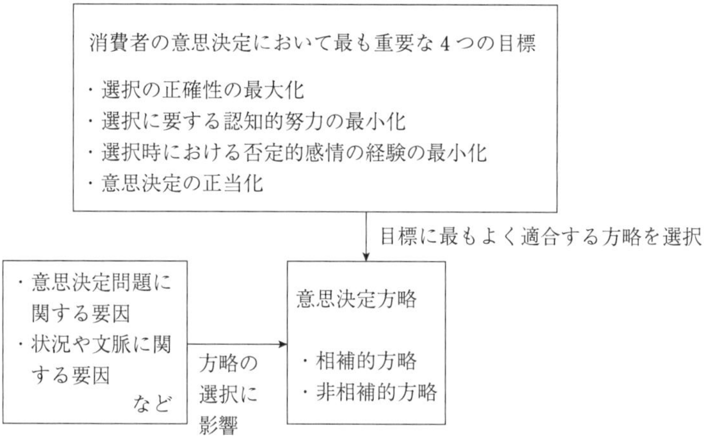

```
┌─────────────────────────────────────┐
│ 消費者の意思決定において最も重要な4つの目標 │
│ ・選択の正確性の最大化                │
│ ・選択に要する認知的努力の最小化       │
│ ・選択時における否定的感情の経験の最小化 │
│ ・意思決定の正当化                   │
└─────────────────────────────────────┘
           │ 目標に最もよく適合する方略を選択
           ▼
┌──────────────┐        ┌──────────────┐
│・意思決定問題に│        │ 意思決定方略  │
│  関する要因   │ 方略の │              │
│・状況や文脈に関│ 選択に │ ・相補的方略  │
│  する要因     │ 影響   │ ・非相補的方略│
│         など  │───────▶│              │
└──────────────┘        └──────────────┘
```

Bettman, J. R., M. F. Luce, and J. W. Payne（1998）, "Constructive Consumer Choice Processes," *Journal of Consumer Research*, 25（3）, pp. 187-217をもとに筆者が作成。

るわけでなく、堅固で安定的であることもある。こういった場合、後に述べる「情緒の参照（affect referral）」のように、事前に形成された評価が記憶中から想起され、相対的評価が最も高い選択肢が選択される。第2に、意思決定に至るまでに選好がまったく構成されないわけではなく、そこに至るまでに何らかの程度において選好が記憶中に形成されており、しかも、その選好は最終的な意思決定に直接的に影響を与える選好と必ずしも一致しない[1]。

iPhoneに初めて直面する消費者は、機能、使用方法、便益、達成可能な目標、従来型の携帯電話との相違などについての知識を持たないであろう。また、iPhoneと従来型の携帯電話などを選択肢として明確な選好を記憶中に保持していないであろう。同モデルは、一般的な選択行動を対象としており、新規の製品やサービスの選択行動のみを対象としているわけではない。しかしながら、意思決定要素になじみがなく、明確な選好が形成されていない新規の製品やサービスの選択行動を記述する概念モデルとして、特に適合的であると考えられる。

このモデルによれば、4つの目標のうちどの目標にどの程度の重みづけがなされるかが決定され、さらに重みづけがなされた目標に最も適合する意思

決定方略が選択される、という（図2）。

以下では、本モデルを構成する各要素について詳しく説明する。

1-4．4つの目標

消費者は、意思決定における目標として、

(a) 選択の正確性の最大化（maximizing the accuracy of the choice）

(b) 選択に要する認知的努力の最小化（minimizing the cognitive effort required to make the choice）

(c) 選択時における否定的感情の経験の最小化（minimizing the experience of negative emotion）

(d) 意思決定の正当化（maximizing the ease of justifying）

の4つをもつという。これらは、購買対象である製品やサービスの消費や使用にかかわる目標ではなく、情報処理過程そのものに関わる目標である。なお、消費者の目標については、第4章「消費者の目標」において詳述する。

これら4つの目標については、次の点が重要である。第1に、「(a) 選択の正確性の最大化」と「(b) 選択に要する認知的努力の最小化」との間に、「二者択一（trade-off）」が必ず生じることである。第2に、「(a) 選択の正確性の最大化」と「(b) 選択に要する認知的努力の最小化」が4つの目標のなかでも特に重要である。

4つの目標に対しては、次のような問題特性によって重みづけがなされる。

1つ目の問題特性は、意思決定の重要性、および不可逆性（irreversibility）である。問題が意思決定者にとって重要なとき、あるいは不可逆的なとき、「(a) 選択の正確性の最大化」の重みづけが相対的に増大する。

2つ目は、フィードバックの迅速さと明確さである。Bettman et al. (1998) はこれについて以下のような見解を述べている。意思決定者は各目標に対するパフォーマンスをフィードバックによって事後的に知覚する。認知的努力についてのフィードバックは意思決定時や意思決定直後に得られ、明確であるのに対し、正確性についてのフィードバックは意思決定時から遅れることや、曖昧であることが多い。また、感情についてのフィードバックは

容易であり、正当化についてのフィードバックは迅速であるが曖昧になりやすい。認知的努力についてのフィードバックと感情についてのフィードバックは相対的に迅速かつ明確であるため、前者は「認知的努力の最小化」目標を、後者は「否定的感情の経験の最小化」目標をそれぞれ活性化しやすい。

1-5．意思決定方略の選択

　消費者は記憶中に意思決定問題を解決するためのいくつかの方略（strategies）を保持している。どのような方略を保持しているかは、消費者個人の経験と訓練（training）に依存するため、個人によって異なる。各方略は、長所と短所を保有している。それぞれの長所、および短所は、達成するべき目標、消費者個人の知識と技能、および環境によって変化する。消費者は自らの記憶の中から目標に最も合致した方略を選択する。各方略がもつ相対的な長所と短所の二者択一（trade-off）によって選択が行われる。

　これまで、意思決定研究において多様な意思決定方略（decision strategies）が識別されてきた。代表的なものとして、「加重加算型規則（the weighted additive rule）」、「満足化ヒューリスティック（the satisficing heuristic）」、「辞書編纂型ヒューリスティック（the lexicographic heuristic）」、「EBAヒューリスティック（the elimination-by-aspects heuristic）」、「組み合わせ方略（combined strategies）」などが挙げられる。これらについては、第7章「考慮集合の形成、および選択肢の評価と選択」において詳述する。

　Bettmanらは、前述の4つの目標が意思決定方略の選択にどのように影響するかを分析するために、各意思決定方略が必要とする認知的努力と各方略がもたらす正確性を測定する手法を提起している。

　まず、認知的努力の測定のために、すべての意思決定方略をより小さい共通の要素、単位である「基本情報処理過程（EIP：elementary information processes）」に分解し、EIPの組み合わせとして表現するという方法を用いている。例えば、「加重加算規則」は、ある属性の重みと価値を読み取る、それらの積をもとめる、次の属性の重みと価値を読み取る、すべての属性の積を足し合わせる、といったEIPの組み合わせで表現することができる。各意思決定方略における認知的努力の程度は、その方略を用いて課題を達成する

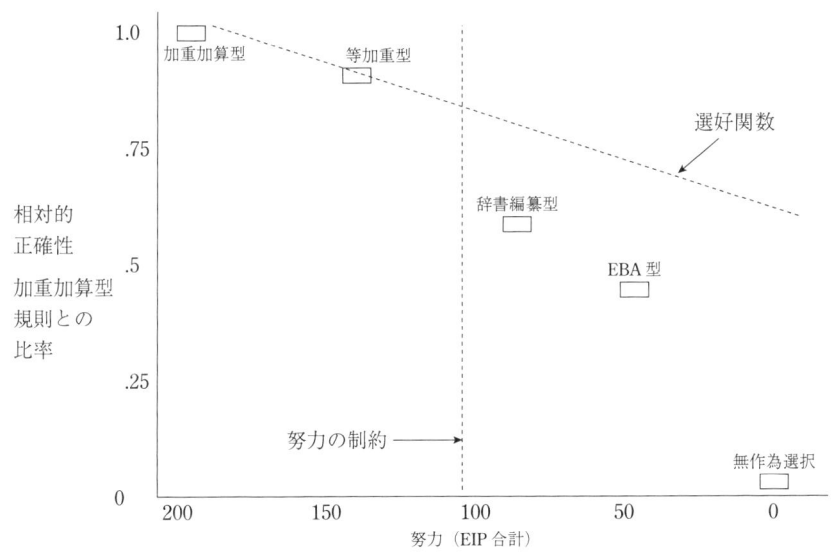

図3 努力の制約をともなう方略の選択

Bettman, J. R., M. F. Luce, and J. W. Payne (1998), "Constructive Consumer Choice Processes," *Journal of Consumer Research*, 25 (3), p. 195, FIGURE 1.

ために必要な EIP の数と種類によって規定することができる。

一方、正確性の測定は、規範的モデルである加重加算型規則を基準として相対的に行われる。具体的には、加重加算型規則による選択が最も正確な方法であると仮定され、加重加算規則と比較してどの程度正確かが数値化される。

Bettman らは、これらの測定方法を用いて、「認知的努力の低減」と「正確性の向上」という2つの目標にもとづく意思決定方略の選択についての具体的な例を示している。

図3のように、ある意思決定環境Aにおける各方略の相対的な正確性と必要な認知的努力、およびある消費者個人の選好関数を仮定しよう。選好関数は、この環境下における消費者個人の2つの目標を反映している。「努力の制約 (effort constraint)」を考慮しないとき、選好関数上に位置する等加重型規則が選択されやすくなる。ところが、「努力の制約」を考慮すれば、「辞書編纂型」、「EBA型」、「無作為選択」だけが選択可能となり、選好関数に

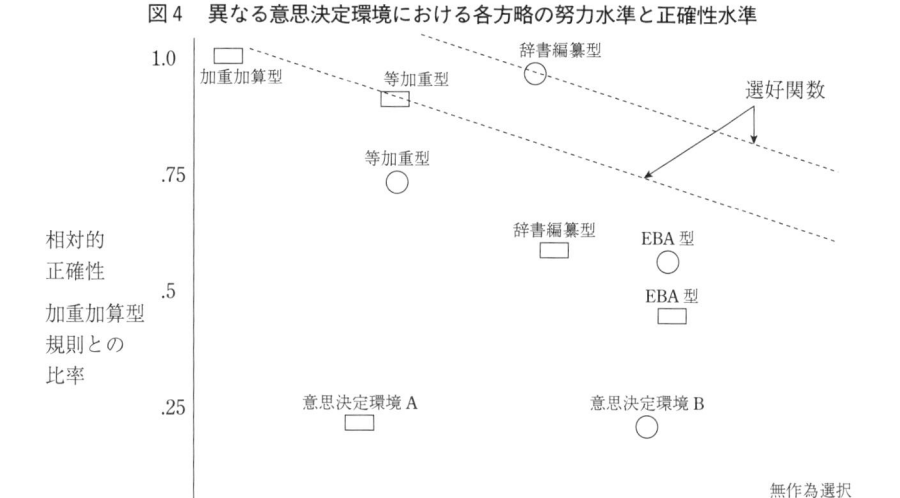

図 4　異なる意思決定環境における各方略の努力水準と正確性水準

Bettman, J. R., M. F. Luce, and J. W. Payne (1998), "Constructive Consumer Choice Processes," *Journal of Consumer Research*, 25 (3), p. 195, FIGURE 2.

近い「辞書編纂型ヒューリスティック」が選択される可能性が高くなる。

次に、図4のように、新たに意思決定環境Bを仮定し、それぞれにおける各方略の相対的な正確性と必要な認知的努力、およびある消費者個人の選好関数を仮定しよう。このとき、新たな選好関数上に位置する「辞書編纂型ヒューリスティック」が選択されやすくなる。

1-6．意思決定方略の選択に影響を与える要因
―意思決定問題に関する要因と状況に関する要因―

4つの目標のうち「選択の正確性の最大化」または「選択に要する認知的努力の最小化」に重みづけがなされるとき、方略の選択に影響を与える要因は、意思決定問題に関する要因と状況や文脈に関する要因とに大別されるという (Payne, Bettman, and Johnson 1993) (図5)。以下では、Bettman, Luce, and Payne (1998) によって詳細な検討が加えられている意思決定問題に関する要因について論じる[2]。意思決定問題に関する要因は、さらに、①問題

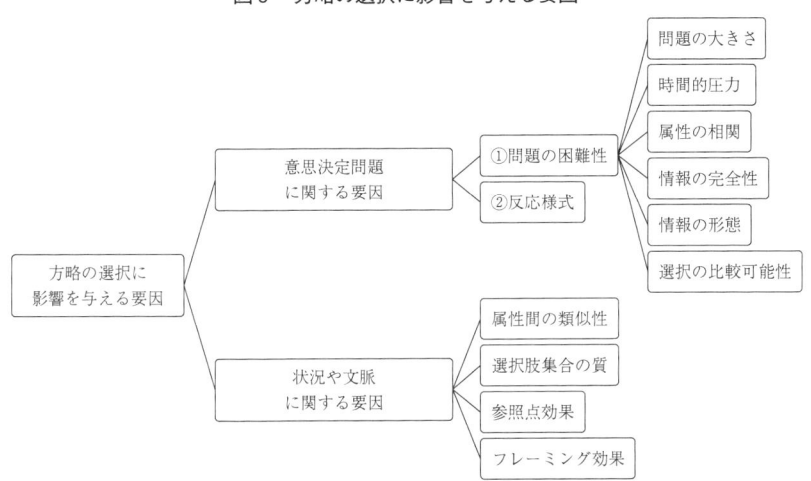

図5 方略の選択に影響を与える要因

```
方略の選択に       ┌─ 意思決定問題  ┬─ ①問題の困難性 ┬─ 問題の大きさ
影響を与える要因 ─┤  に関する要因   │                 ├─ 時間的圧力
                  │                 │                 ├─ 属性の相関
                  │                 │                 ├─ 情報の完全性
                  │                 │                 ├─ 情報の形態
                  │                 │                 └─ 選択の比較可能性
                  │                 └─ ②反応様式
                  │
                  └─ 状況や文脈     ┬─ 属性間の類似性
                     に関する要因   ├─ 選択肢集合の質
                                    ├─ 参照点効果
                                    └─ フレーミング効果
```

Bettman, J. R., M. F. Luce, and J. W. Payne (1998), "Constructive Consumer Choice Processes," *Journal of Consumer Research*, 25 (3), pp. 187-217、および Payne, J. W., J. R. Bettman, and E. J. Johnson (1993). *The Adaptive Decision Maker*, Cambridge University Press にもとづいて筆者が作成。

の困難性 (problem difficulty) と②反応様式 (response mode) の2つの要因に分解される (図5)。

① 問題の困難性

問題の困難性は、問題の大きさ (problem size)、時間的圧力 (time pressure)、属性の相関 (attribute correlation)、情報の完全性 (completeness of information)、情報の形態 (information format)、選択の比較可能性 (comparable versus non-comparable choice)、という6つの次元に分解され、それぞれに関係する命題が提起されている。各命題の要旨は次のとおりである[3]。

・問題の大きさ
  - ➤ 選択肢の数が増加するにともなって、非相補的方略が用いられやすくなる。一方、属性の数が増加すればするほど、情報の選択性 (selectivity)[4] は上昇するが、属性の数の増減による方略の変化はみられない。
  - ➤ 消費者が自分自身の価値観 (value) を反映した情報を選択すれば、情報負荷が増大しても正確性は低減しない。もし、消費者の価値観

を反映しない特徴にもとづいて情報の選択が行われれば、情報負荷が増大するほど正確性が低減する。
・時間的圧力
  ➤ 時間的圧力が中程度のとき、消費者の処理が迅速になり、かつ選択性が上昇する。時間的圧力があるとき、消費者は否定的な情報により大きな重みづけを行う。
・属性の相関
  ➤ 感情にもとづかない意思決定課題において、属性間に負の相関がある場合―すなわち、ある属性の水準が向上すれば、別の属性の水準が低下するような関係が属性間にある場合―、消費者は加重加算型処理（より包括的であり、選択性（selectivity）が低く、属性よりも選択肢にもとづく処理）を行いやすくなる。属性にもとづく処理とは、ある1つの属性を選択肢間で比較する処理であり、選択肢にもとづく処理とは、1つの選択肢がもつ各属性の処理をいう。
・情報の完全性
  ➤ 消費者は、あるブランドにおける特定の属性の水準が不明なとき、その属性をもつ他のブランド、あるいは同じブランドがもつ他の属性を用いて推論する。どのような推論形式（ヒューリスティック）が用いられるかは、相対的な接近可能性と診断性に依存する。接近可能性および診断性については、第10章で詳述する。
・情報形態
  ➤ 情報の形態によって、処理が容易になる処理形式もあり、情報処理に要する努力が低減することもある。
・比較可能な選択と比較不可能な選択
  ➤ 比較可能な選択とは、選択肢がすべて自動車、PC、携帯電話といったように、同一の製品クラスに属する選択肢からの選択をいう。一方、比較不可能な選択とは、余ったお金の使い道として、旅行、新車の購買、ローンの返済のうちいずれかを選択する、などのように、製品クラスを超えた選択肢からの選択をいう。比較不可能な選択では、抽象的な属性（「楽しみ」や「必要性」など）による処理、各

選択肢の全体的評価の比較が行われる。しかし、具体的な選択基準が事前に与えられれば、比較不可能な選択と比較可能な選択との差は小さくなる。

② 反応様式

次に、反応様式とは、意思決定問題に対する消費者の反応の形式のことであり、選択式（choice mode）―複数の評価対象（選択肢）のなかから1つを選択する方式―、評定式（rating mode）―個々の評価対象に対して評価値を割り当てる方式―、マッチング式（matching mode）―ある評価対象の値（価格など）を参照して別の評価対象の値を決定する方式―などがある。Bettman et al.（1998）は、次のような主旨の命題を提起している。

- 同一の評価対象であっても、反応様式が異なれば、選好の変化や選好逆転が生じる。
- 選択式は、選択的（selective）であり、選択肢ではなく属性にもとづく比較処理が生じやすい。
- 評定式、およびマッチング式では、選択性が低くなる。したがって、属性ではなく評価対象にもとづく情報処理、数量にもとづいた情報処理が行われやすい。
- 数量にもとづいた情報処理を容易にすること、評価対象に対する親近性（familiarity）を増大させること、課題に対するインセンティブやフィードバックを反復的に経験させること、によって選好逆転が生じにくくなる。

1-7．消費者の意思決定方略への対応

以上から、これらの要因によってもたらされる意思決定方略に適切に対応することによって、選択の可能性が高まることが期待される。

例えば、問題の大きさと意思決定方略との関係については、次の2つの対応策が考えられる。第1は、競合ブランド数が多い市場に新規の製品やサービスを投入しようとする際には非相補型の方略に、競合ブランド数が少ない市場に導入する際には相補型の方略に、それぞれ対応してマーケティング・ミックスの構築を図ることである。例えば、前者の具体的な方法として、消

費者にとって重要でない既存属性の一部を削減し、重要な属性に特化した製品やサービスの提供や、少数の重要な属性を特に強調したプロモーションなどが考えられる。こういった方法については、第6章「新規性の諸相2」において改めて検討したい。もう1つは、製品またはサービスのカテゴリーの操作―カテゴリー・ラベルの創造や変更、サブ・カテゴリーの導入など―によって、問題の大きさ、すなわち選択肢の数を可能な限り統制することである。消費者による製品やサービスのカテゴリー化は、カテゴリー・ラベル、属性、消費や使用の目標などによって部分的に統制可能である。例えば、「緑茶」カテゴリーに対して、「健康緑茶」というサブ・カテゴリーを新たに創造し、当該カテゴリー内の競合ブランド数―すなわち選択肢数―を低減させることが可能である。カテゴリーと情報処理との関係については、第5章「新規性の諸相1」において詳述したい。

2．消費者の推論

2-1．新規の製品またはサービスの情報処理と推論

　消費者情報処理理論では、注意、環境における外部情報の探索、記憶中の内部情報の探索、外部情報および内部情報の取得、取得情報を用いた対象に対する評価―態度や選好の形成および変容―、意思決定、といった情報処理過程における各側面が仮定されている（Bettman 1979）。消費者は、これらの各側面において、対象についての「完全な情報」の処理が困難なため、しばしば「推論（inference）」―既知の前提から新しい結論を導き出す思考の働き―を行っている、という見解が研究者間で共有されている[5]。

　一般に、新規に市場導入された製品やサービスについての内部情報は、既存の市場提供物についての内部情報よりも乏しいため、新規に市場導入された提供物についての情報処理では推論が生起しやすい、と考えられる。したがって、マーケターにとって、新規の提供物が消費者によって選択されるべく、情報処理過程において推論を適切に生起させることが必要である。

　本節では、消費者の推論に関する先行研究の成果を整理し、新規の製品またはサービスの市場導入に対する示唆を明らかにする。

2-2. 推論形式の類型
① 8種類の推論形式

Kardes, Posavac, and Cronley (2004) は、推論が刺激（外部情報）か記憶（内部情報）のどちらにもとづくか、単一判断（singular judgment）と比較判断（comparative judgment）のどちらによるか、帰納的（inductive）か演繹的（deductive）か、という3つの次元によって、消費者の推論形式の類型化を行い、8種類の推論形式を識別している（表1）。心理学では、推論形式として、演繹、帰納、類推の3種類が重要視されてきたが、Kardesらは類推については言及していない[6]。類推については第5章「新規性の諸相1」において詳述する。

以下では、Kardesらの所説の概要を整理する。

帰納的推論は、個々の具体的な要素（属性、ブランド名、その他の手がかり）からより一般的な結論を導き出す推論形式であり、仮説の形成（例えば選択肢の形成）、学習、一般化、予測に関係する。演繹的推論は、一般的な命題から個々の具体的な結論を導き出す推論形式であり、仮説の検証（例えば選択肢の排除）、論理的推論、診断（diagnosis）に関係する。

表1　消費者の推論の類型

	刺激にもとづく推論		記憶にもとづく推論	
	単一判断	比較判断	単一判断	比較判断
帰納	・情報統合理論 ・手がかり相互作用効果 ・集計	・同化と対比	・相関にもとづく推論 ・ヒューリスティクスにもとづく推論	・選択における相関にもとづく推論 ・推論の修正カテゴリーにもとづく帰納
演繹	・三段論法による推論	・推移的推論	・態度にもとづく推論 ・推論の再構築	・カテゴリーにもとづく演繹 ・スキーマにもとづく演繹

Kardes, F. R., S. S. Posavac, and M. L. Cronley (2004), "Consumer Inference: A Review of Processes, Bases, and Judgment Contexts," *Journal of Consumer Psychology*, 14 (3), p. 231, TABLE1.

刺激にもとづく推論は、消費者の外部環境にある利用可能な情報を用いて行われる。一方、記憶にもとづく推論では、消費者の記憶中に貯蔵された情報（信念、態度、カテゴリー、スキーマなど）が取り出され、用いられる。刺激にもとづく推論が形成されるのは、消費者にとって当該カテゴリーに対する親近性が低いときであり、記憶にもとづく推論が形成されやすいのは、当該カテゴリーに対する消費者の親近性が高いときである。

また、Kardesらは、「刺激にもとづく帰納」は、カテゴリーに対する消費者の親近性が低く、記憶中に事前知識や経験がないときに生じやすいとした。一方、「記憶にもとづく帰納」は、カテゴリーに対する消費者の親近性が高く、記憶中の知識や技能が豊富なときに生じるという。同様に、彼らは、「刺激にもとづく演繹」は、カテゴリーに対する消費者の親近性が低く、記憶中に事前知識や経験がないときに生じやすいといい、「記憶にもとづく演繹」は、カテゴリーに対する消費者の親近性が高く、記憶中の知識や技能が豊富なときに生じると述べている。

したがって、Kardesらの所説にしたがえば、新規に市場導入された製品またはサービスがどのカテゴリーに分類されるかによって、その推論形式が異なることになる。新規の提供物の新規性がそれほど高くなく、既存の何らかのカテゴリーに適合するとき、記憶にもとづく推論が生じやすくなる。また、当該提供物の新規性の程度がきわめて高いとき、すなわち、既存のカテゴリーに当てはまらないとき、刺激にもとづく推論が形成されやすく、記憶にもとづく推論が生起しにくくなってしまう。

② 自発的推論

これら8種類の推論は、「自発的推論（spontaneous inference）」か「受動的推論（prompted inferences）」のいずれかになりうるという。自発的推論とは情報処理主体による能動的な推論形式であり、受動的推論とは実験などにおいて質問に促されることによって生じる推論をいう。いうまでもなく、実際の市場提供物に対する消費者の推論は自発的推論である。特に、新規の製品やサービスの市場導入においては、消費者が「完全な」情報をもたないため、消費者の自発的推論を適切に生起させることがマーケターにとっての重要な課題である。

自発的推論は、受動的推論よりも、

(a) 他の領域へ一般化可能であり、
(b) 記憶から接近可能であり、
(c) 強い確信をともない、
(d) (b) と (c) ゆえに、他の判断と行動に大きな影響を与える

といった特徴をもつ。また、演繹的推論よりも帰納的推論において、刺激にもとづく推論よりも記憶にもとづく推論において、単一推論よりも比較推論において、それぞれ自発的推論が発生しやすくなる[7]。

　Kardesらによる上記の命題を敷衍すれば、最も自発的推論が生起しやすいのは、帰納的推論、記憶にもとづく推論、比較推論の3つをすべて満たす推論が生じるときである[8]。Kardesらによれば、これら3つをすべて満たす推論形式は、「選択における相関にもとづく推論」、「推論の修正」、「カテゴリーにもとづく帰納」である。

　「選択における相関にもとづく推論 (correlation-based inference in choice)」は、あるブランドについての入手不可能な省略された属性情報を同一ブランド内の他の属性の情報を手がかりとして推論することや、他のブランドの同一属性との比較によって推論することをいう。同一ブランド内の他の属性との比較による推論と他のブランドの同一属性との比較による推論のどちらが発生するかは、消費者の記憶中の連想ネットワークにおいて何が活性化するか（同一ブランド内の他の属性が活性化するか、他のブランドとその属性が活性化するか）によって決まるという。Kardesらは、このことを、第10章で述べるFeldman and Lynch (1988) が提起した「接近可能性―診断性」理論によって説明できる、としている。

　「推論の修正 (inferential correction)」とは、初期の判断の結果が妥当ではないときに、その判断を「調整する」ことをいう。

　「カテゴリーにもとづく帰納 (category-based induction)」とは、あるカテゴリーの事例がある特性を持っていることを学習し、そのカテゴリーの他の事例も同じ特性を有すると推論すること、または、そのカテゴリーのすべての事例がその特性を有すると推論することをいう。これについては、第5章「新規性の諸相1」において論じる。

2-3. 新規の製品またはサービスと推論

前項「①8種類の推論形式」で述べたように、製品またはサービスの新規性の程度が高いほど、すなわち、それが既存のカテゴリーに当てはまらないほど、刺激にもとづく推論が形成されやすく、記憶にもとづく推論が生起しにくくなってしまう。また、前項「②自発的推論」で論じたように、刺激にもとづく推論は、記憶にもとづく推論にくらべて、自発的推論が発生しにくい。

以上のようなKardesらの議論にしたがえば、新規の製品やサービス―特に新規性の高い製品やサービス―に直面した消費者は、それについての事前知識を記憶中に保持していないため、刺激にもとづく推論を用いやすくなり、その結果、自発的推論が発生しにくくなってしまう。

しかしながら、製品やサービスの新規性が高い場合においても、消費者の比較推論や記憶にもとづく推論をマーケターが意図的に生起させることによって、自発的推論に導くことも可能である。具体的には、適切な参照対象を消費者に提示すること、カテゴリーにもとづく情報処理、類推、メタファーなどを適切に起動させること、情報取得や評価が容易になるように「差異」を適切に形成し、訴求すること、などを挙げることができる。これらについては、第5章「新規性の諸相1」、および第6章「新規性の諸相2」において詳述する。

3. むすび

本章の第1節では、Bettman, Luce, and Payne (1998) による「構成的選好」、および「構成的選択」の理論について詳しく論じた。

伝統的には、消費者の態度や選好は購買場面に先立ってあらかじめ形成され、購買時点においてそれが記憶中から検索され、参照されることによって購買が実行される、という図式が想定されてきた。これに対して、Bettman et al. (1998) の理論では、選好は購買時点において形成され、それにもとづいて選択が行われることが主張される。

同理論は、新規の製品やサービスのみを対象とするわけではない。しかし

ながら、新規の製品やサービスについての消費者の知識や技能は相対的に乏しく、選択に先立って事前に明確な選好が形成されにくいため、同理論が新規の製品やサービスを選択肢として含む選択過程を記述する理論として適合的である。

また、同理論によれば、意思決定問題に関する要因、および意思決定をとりまく状況や文脈に関する要因が、意思決定方略の選択に影響を与える。したがって、これらの要因から消費者の意思決定方略を予測し、それに適切に対応することによって、選択の可能性が高まることが期待される。

第2節では、消費者の情報処理過程における「推論」について整理した。新規に市場導入された製品やサービスについての内部情報は、既存の市場提供物についての内部情報よりも乏しいため、新規に市場導入された提供物についての情報処理では推論が生起しやすい。したがって、マーケターにとって、新規の提供物が消費者によって選択されるべく、情報処理過程において推論を適切に生起させることが必要である。

本章で詳述した選好形成、選択、推論についての知見は、個人としての消費者によるイノベーションの採用過程を相対的情報処理過程として理解する際の中核に位置づけられる。

1 このことは、構成的選好や構成的選択の概念が、「選好逆転（preference reversal）」という現象の観察からもたらされたことと関係する（Lichtenstein and Slovic 2006）。選好逆転現象については、竹村（2009）が明快な整理を行っている。
2 Bettman, Luce, and Payne（1998）では②状況や文脈に関する要因についての詳細な考察がなされていない。
3 Payne, Bettman, and Johnson（1993）では、問題の大きさと時間的圧力を合わせて、「問題の複雑性（problem complexity）」と称している。
4 情報処理が「選択的（selective）」であるとは、選択肢によって、あるいは属性によって情報処理量が変わることをいう。特定の選択肢、あるいは特定の属性についてのみ詳細な情報処理が行われるとき、その情報処理は「選択的」であるという。反対に、すべての選択肢、あるいはすべての属性について情報処理量が変わらないとき、その情報処理は「一貫的（consistent）」であるという。詳細については、Payne, J. W., J. R. Bettman, and E. J. Johnson (1993), *The Adaptive Decision Maker*, Cambridge University Press, p. 30 を参照のこと。

5 推論の定義については、中島義明ほか編『心理学辞典』有斐閣を参照した。
6 ３つの推論形式については、中島義明ほか編『心理学辞典』有斐閣を参照した。
7 ただし、このことは、その推論が診断的（diagnostic）であるとき、すなわちその推論が判断に関連していると知覚されるときに限られるという。
8 最も自発的推論が発生しにくいのは、演繹的推論、刺激にもとづく推論、単一推論の３つを満たす推論、すなわち、「三段論法による推論（syllogistic inference）」が生じるときである。

第4章　消費者の目標

　Bagozzi and Dholokia (1999) が明言するように、多くの消費者行動は目標志向的である。Bettman (1979) が消費者の選択を「ある初期状態から望ましい状態へ移行する過程」と規定したように、消費者情報処理パラダイムでは、消費者の「目標 (goal)」が選択行動を動機づける重要な要因として位置づけられ、研究対象とされてきた。

　特に、新規性の高い製品やサービスを選択肢とする選択行動においては、消費者による目標の設定がきわめて重要な意味をもつ。なぜなら、消費者は新規性の高い製品やサービスについての情報処理の経験をもたないため、当該製品またはサービスとそれが提供する便益やそれによって達成可能な目標とをうまく結びつけることができないからである (Bagozzi and Dholokia 1999)。したがって、新規に市場導入した製品やサービスを選択へと導くためには、それと達成可能な目標とを適切に結びつけ、望ましい選択行動を生起することが必要である。

　本章では、新規の製品やサービスに対する消費者の情報処理における目標の役割について論じる。

1．目標の種類

　Van Osselaer et al. (2005) によれば、消費者の選択は、「消費目標 (consumption goal)」、「基準目標 (criterion goal)」、「過程目標 (process goal)」という3種類の目標によって影響を受ける。消費目標とは、消費や使用によって直接的に得られる快の最大化という目標である。基準目標とは、快の最大化以外の目標であり、他者に対する自らの選択の正当化、独自性の表現、予期される満足の増大、情報収集などがこれに含まれるという。過程目標とは、選択過程そのものに関連する目標であり、どの選択肢が選択されるかということ

とは独立している。例えば、消費者は、選択を迅速に遂行すること、選択にともなう努力を最小限にとどめること、選択過程において「二者択一（trade-off）」がもたらす不快に起因する否定的感情を回避すること、選択過程そのものを楽しむこと、選択過程によって情報の一貫性を高めること、といった過程目標をもつという。

一方、既述のように、Bettman, Luce, and Payne（1998）は、情報処理過程における目標として、選択の正確性の最大化、選択に要する認知的努力の最小化、選択時における否定的感情の経験の最小化、意思決定の正当化という4つを挙げている。

消費者の目標についての Bettman らの所説、および Van Osselaer らの所説を踏襲すれば、消費者の目標は、情報処理過程そのものに関わる目標と、消費や使用から達成可能な目標とに大別されると理解してよいであろう。マーケティング研究において一般的に用いられてきた「目標」概念は、後者の消費や使用から達成可能な目標であり、本章の以下では、消費や使用に関わる目標に焦点を当てる。

2．目標の構造

消費者の目標に関する先行研究では、消費者の目標の構造について、次の2つの仮定がなされてきた。

第1の仮定は、消費者の目標が記憶中の「ネットワーク」として記述されるという点である。Van Osselaer らは、消費者の目標を認知的表象、より具体的に述べれば、「連想ネットワーク（associative network）」—あるいは「意味ネットワーク（semantic network）」—を形成する「ノード（node）」—ネットワークを構成する要素—として記述することを提唱している。これによって、心理学や消費者行動研究において蓄積されてきた連想ネットワークや意味ネットワークに関する知見を目標研究にも適用することができるようになる。

連想ネットワークの概念にもとづけば、新規の製品またはサービスを市場導入する際、消費者の記憶中の連想ネットワーク上に目標とのリンクを形成

図1　3段階の目標階層

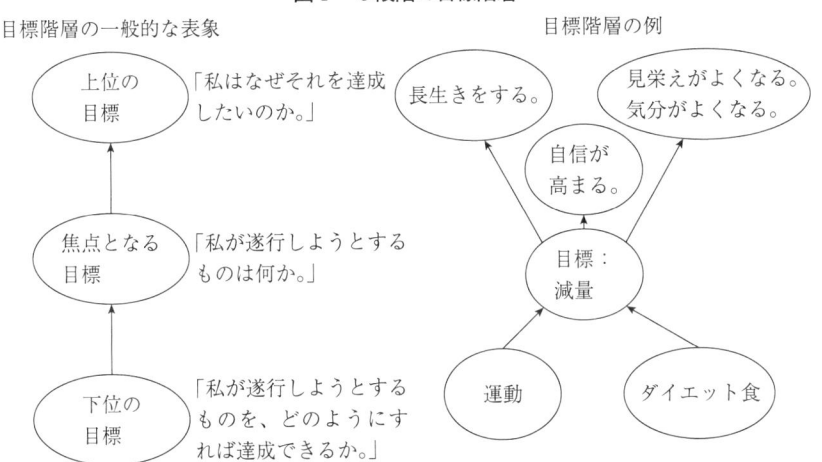

目標階層の一般的な表象

上位の目標　「私はなぜそれを達成したいのか。」

焦点となる目標　「私が遂行しようとするものは何か。」

下位の目標　「私が遂行しようとするものを、どのようにすれば達成できるか。」

目標階層の例

長生きをする。　見栄えがよくなる。気分がよくなる。

自信が高まる。

目標：減量

運動　ダイエット食

Bagozzi, R. P. and U. Dholakia（1999）, "Goal Setting and Goal Striving in Consumer Behavior," *Journal of Marketing*, 63（4）, p. 24, FIGURE2.

することが、マーケターにとっての重要な課題となる。

　第2の仮定は、消費者の目標の階層性である（Bagozzi and Dholakia 1999, Huffman, Ratneshwar, and Mick 2000）。消費者がある目標をもつとすれば、その目標の上位に位置する目標と下位に位置する目標をもち、下位の目標は上位の目標を達成するための手段として位置づけられる。例えば、「減量」という下位の目標が「長生きをする」という上位の目標を達成する手段として位置づけられ、さらに「運動」というより下位の目標が「減量」という上位の目標の手段となる。

　Bagozzi and Dholokia（1999）は、上記の2つの仮定を融合し、階層性を考慮した意味ネットワーク・モデルを描写している（図1）。

　以上の2つの仮定にもとづけば、ある目標を活性化させることは、それから連想される上位目標と下位目標をも同時に活性化させることになり、その結果として提供物間の代替関係や競合関係が規定されることに留意しなければならない。例えば、ダイエット食の新製品と「減量」という目標との連想を消費者の記憶中に形成すれば、「減量」の活性化によって、その下位目標である「運動」が同時に活性化するかもしれない。このとき、「運動」とい

う下位目標を達成するための手段となる製品やサービス―例えば、「フィットネス・クラブ」など―が活性化し、それらが代替的、競合的なカテゴリーになるであろう。

　Van Osselaerらは、心理学における宣言的記憶（declarative memory）の研究成果に依拠して、記憶中の概念の接近可能性（accessibility）―第10章において詳述―はきわめて変化しやすく、あらゆる概念の接近可能性は活性化の頻度および新近性に強く依存する、と主張している。つまり、過去に頻繁に活性化した目標や、時間的に近接して活性化した目標は、活性化しやすい。彼らは、先行研究の成果にもとづいて、消費目標の活性化（接近可能性）に影響を与える要因として次の5つを挙げている。

①当該目標の直接的なプライミング

②他の目標の活性化

　　他の目標が活性化したとき、当該目標の接近可能性は低下する。

③当該目標を達成するための手段の活性化

　　当該目標を達成するための手段が活性化すれば、当該目標は活性化しやすくなる。例えば、「ダイエットに成功する」という目標の活性化は、それを達成するための「運動をする」、「低カロリーの食事を摂る」という手段の活性化によってもたらされる。ただし、ある手段から活性化される目標の数が多いほど、その手段から当該目標が活性化する可能性は低下する。

④文脈上の手がかり

　　当該目標、それを達成するための手段、目標以外の他の手がかりによって当該目標が活性化することがある。

⑤過去の目標達成または不達成

　　次節で述べるSoman and Cheema（2004）やFishbach and Dhar（2005）の研究成果はこの要因に関係する。

3．目標の設定と遂行

　Bagozzi and Dholokia（1999）は、消費者行動における目標の役割を描写

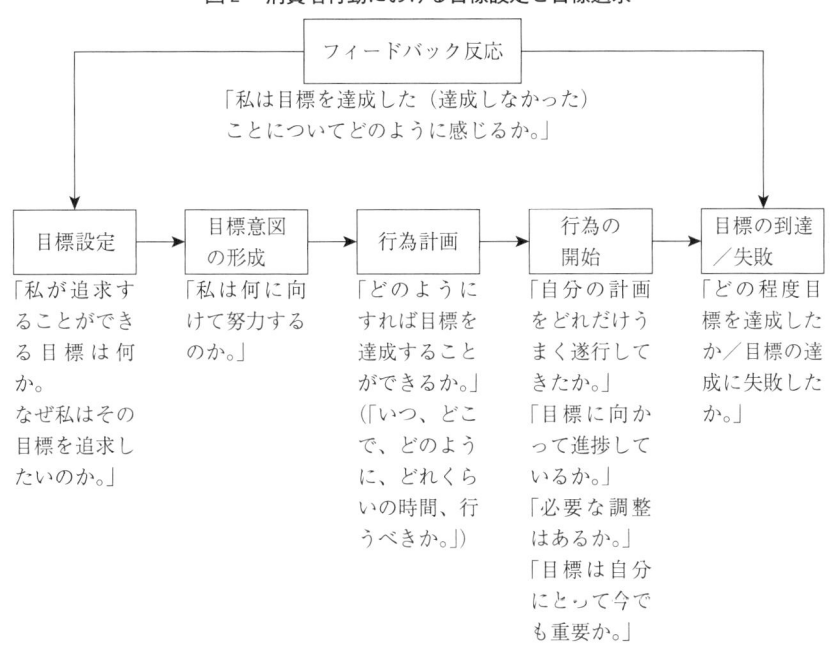

図2 消費者行動における目標設定と目標追求

```
                    ┌─── フィードバック反応 ───┐
                    │ 「私は目標を達成した（達成 │
                    │  しなかった）ことについて │
                    │  どのように感じるか。」    │
                    ↓                         ↓
  目標設定 → 目標意図 → 行為計画 → 行為の → 目標の到達
              の形成              開始      ／失敗
```

目標設定	目標意図の形成	行為計画	行為の開始	目標の到達／失敗
「私が追求することができる目標は何か。なぜ私はその目標を追求したいのか。」	「私は何に向けて努力するのか。」	「どのようにすれば目標を達成することができるか。」（「いつ、どこで、どのように、どれくらいの時間、行うべきか。」）	「自分の計画をどれだけうまく遂行してきたか。」「目標に向かって進捗しているか。」「必要な調整はあるか。」「目標は自分にとって今でも重要か。」	「どの程度目標を達成したか／目標の達成に失敗したか。」

Bagozzi, R. P. and U. Dholakia (1999), "Goal Setting and Goal Striving in Consumer Behavior," *Journal of Marketing*, 63 (4), p. 20, FIGURE1.

した包括的モデルを提唱している。このモデルは、消費者による目標の設定とその遂行という2つの段階からなる（図2）。

3-1．目標の設定

Bagozzi and Dholokia (1999) によれば、消費者の目標の設定は、「私が追求することができる目標は何か。なぜその目標を追求したいのか。」という問いに答える形式で設定されるという。

Huffman, Ratneshwar, and Mick (2000) は、前節で論じた目標の階層性を考慮に入れた目標設定過程を描いている（図3）。これによれば、目標設定には、「目標整列（goal alignment）」と「目標適応（goal adaptation）」の2つの要因が関係する。

目標整列とは、上位の目標から下位の目標までが相互に影響を与え合い、

図3　目標決定過程モデル

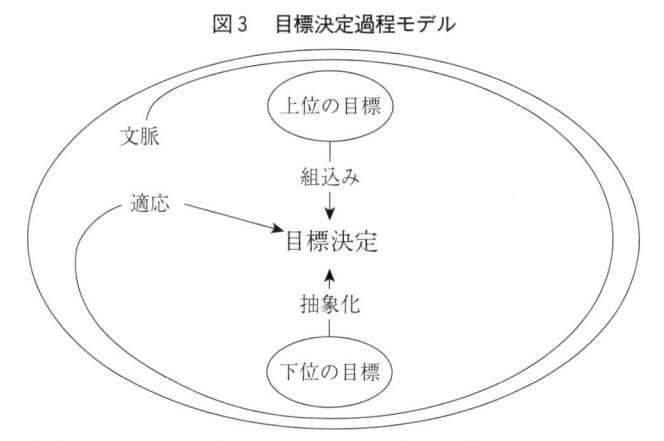

```
        ┌─────────────────────┐
        │      上位の目標       │
   文脈  └─────────┬───────────┘
                  │ 組込み
                  ▼
   適応         目標決定
                  ▲
                  │ 抽象化
        ┌─────────┴───────────┐
        │      下位の目標       │
        └─────────────────────┘
```

Huffman, C., S. Ratneshwar, and D. G. Mick (2000), "Goal Structures and Goal-Determination Processes," *The Why of Consumption: Contemporary Perspectives on Consumer Motives, Goals and Desires*, Routledge, p. 14, Figure 2. 2.

目標体系全体が一貫性をもつ過程をいう。整列は、「トップ・ダウン」の過程と「ボトム・アップ」の過程の2種類に分けられる。前者は「組込み（incorporation）」といい、上位の目標が下位の目標に対して意味を付与し、下位の目標を形成する過程である。後者は、「抽象化（abstraction）」と称し、下位目標が上位目標を形成する過程である。Huffmanらによれば、意思決定状況そのものが意思決定者自身の「価値観の分析（analysis of one's value）」を促すことがあり、このとき下位目標が上位目標を形成するという。

　一方、目標適応は、文脈的要因によって目標が形成される過程である。文脈的要因には、「個人をとりまく社会文化的環境、製品の消費状況における社会的側面および時間的・空間的側面、利用可能な選択肢」が含まれる。

3-2．目標の遂行

　伝統的に、多くの研究では、消費者の目標が選択に肯定的な影響を与えることが仮定されてきたが、Soman and Cheema（2004）は目標の否定的な効果を実験によって明らかにしている。彼らは、「貯蓄」という目標をもつにもかかわらずその目標に反して支出をしてしまった被験者群と、同じく「貯蓄」を目標とし、それを順調に達成しつつある被験者群とを、その後の貯蓄

行動のパフォーマンスについて比較した。その結果、前者の目標達成の程度は、後者のそれより有意に低かった。彼らは、この実験結果にもとづいて、当初の目標への違反（violation）が動機づけの低下と否定的感情の生起をもたらし、その結果としてその後の目標遂行のパフォーマンスに負の影響を与えると結論づけている。

また、消費者の目標が単一であること、かつその影響が選択過程において首尾一貫していることが、伝統的に多くの研究において前提とされてきた。しかしながら、現実の消費者は同時に複数の目標をもち (Sengupta and Johar 2002)、目標が選択行動に与える影響は一定でない。Fishbach and Dhar (2005) は、消費者がもつ複数の目標どうしがどのように影響を与えあうかを実験によって明らかにした。それによれば、ある目標の遂行によってその目標自体の達成が妨害されるという。例えば、ある消費者が「将来のために貯蓄する」という目標のために預金口座を開いたとしよう。当初の目標が順調に達成されつつあれば、その消費者はむしろ浪費することに積極的になり、他の目標を遂行する傾向が強くなるという。彼らは、こういった現象の原因として、消費者が当初の目標の遂行によって他の目標に「解放」されることを挙げている。

Soman and Cheema (2004)、および Fishbach and Dhar (2005) などの研究成果から、消費者がある目標について既に遂行過程にあるとき、目標遂行そのものが—それが成功しているか失敗しているかに関わらず—意思決定過程に負の影響を与える可能性がうかがえる。新規の製品またはサービスの市場導入において、既存の提供物によって既に達成されつつある既存の目標や、逆に達成されなかった既存の目標を活性化させる際には、それがもたらす負の効果に注意を要する。

4．制御焦点理論

4-1．理論の概要

近年、マーケティング研究において、消費者の目標や動機づけに関係する「制御焦点理論（regulatory focus theory）」が心理学から導入され、それにもと

づく研究が盛んになりつつある。

　一般に、人の動機づけは、「快 (pleasure)」への接近と「不快 (unpleasure)」または「苦痛 (pain)」からの回避という「快楽原則 (hedonic principle)」によって概念化されてきた。快への接近と不快からの回避については、「制御予期 (regulatory anticipation)」原則、「制御参照 (regulatory reference)」原則、「制御焦点 (regulatory focus)」原則という3つの異なる見解が見られる (Higgins 1997)（表1）。

　制御予期原則によれば、動機づけは行為の結果の予期から発生する。人は、肯定的な結果―すなわち「快」―が予期されれば、その結果へと接近し、否定的な結果―「不快」―が予期されれば、その結果から回避しようとする。

　制御参照原則は、自己制御 (self regulation)[1] において用いられる「参照点 (point of reference)」という概念を用いて接近―回避を説明する。参照点には、「望ましい最終状態 (desired end-state)」と「望ましくない最終状態 (undesired end-state)」があり、人の接近―回避は、望ましい最終状態と望ましくない最終状態への運動 (movement) として概念化される。例えば、2人の消費者がそれぞれ知人に対して贈答品を購買したとしよう。1人は「完璧な贈答品」を買えなかったのではないかという恐れを抱き、もう1人は「まったく不適切な贈答品」を買ってしまったのではないかという恐れを感じているとする。前者は望ましい最終状態の達成に失敗したと感じ、後者は望ましくない最終状態の回避に失敗したと感じているのである。

　上記2つの原則に対し、制御焦点原則では、接近および回避は「自己制御の方略的手段 (strategic means for self-regulation)」という観点から概念化される。望ましい状態への接近、望ましくない状態からの回避は、接近志向の手段、回避志向の手段のどちらによっても遂行することができる。手段が接近志向のとき促進焦点、回避志向のとき予防焦点という。促進焦点と予防焦点との区別は、目標そのものにではなく、目標を達成するための手段の違いにもとづくものである。例えば、テニスの腕前を上げるという目標は、毎日2時間練習を行うといった手段（接近志向の手段）によっても、禁煙を実行する、ジャンク・フードの摂食を控えるといった手段（回避志向の手段）によっ

表1　接近―回避志向における自己制御の原則

自己制御の原則	回避志向	接近志向
制御予期	・予期される不快を回避する	・予期される快に対して接近する
制御参照	・望ましくない最終状態に対して回避制御	・望ましい最終状態に対して接近制御
制御焦点	・予防 ・望ましい最終状態との不適合および望ましくない最終状態との適合を方略的に回避する ・正しい拒絶を確実にする ・作為の過誤（errors of commission）を防ぐ手段をとる	・促進 ・望ましい最終状態との適合および望ましくない状態との不適合に方略的に接近する ・成功（hits）を確実にする ・不作為の過誤（errors of omission）を防ぐ手段をとる

Higgins, E. T. (1997), "Beyond Pleasure and Pain," *American Psychologist*, 52 (12), p. 1296, Table 1.

表2　ブランド選択場面における接近―回避志向の違い

制御焦点と制御予期	制御参照	
	望ましい最終状態が参照点 （周りの人たちからの高い評価）	望ましくない最終状態が参照点 （周りの人たちからの低い評価）
促進焦点（好ましいブランドの選択）	達成への接近	非達成からの回避
快の予期	「私は好ましいブランドAを選択したので、周りの人たちから高い評価を受けるであろう。」	「私は好ましいブランドAを選択したので、周りの人たちから低い評価を受けないであろう。」
不快の予期	「私は好ましいブランドAを選択しなかったので、周りの人たちから高い評価を受けないであろう。」	「私は好ましいブランドAを選択しなかったので、周りの人たちから低い評価を受けるであろう。」
予防焦点（無難なブランドの選択）	安全への接近	危険からの回避
快の予期	「私は無難なブランドAを選択したので、周りの人たちから高い評価を受けるであろう。」	「私は無難なブランドAを選択したので、周りの人たちから低い評価を受けないであろう。」
不快の予期	「私は無難なブランドAを選択しなかったので、周りの人たちから高い評価を受けないであろう。」	「私は無難なブランドAを選択しなかったので、周りの人たちから低い評価を受けるであろう。」

Higgins, E. T. (1997), "Beyond Pleasure and Pain," *American Psychologist*, 52 (12), p. 1297, Table 2をもとに筆者が作成。

ても実現可能である。

　促進焦点は進歩（advancement）や達成（accomplishment）などに関係し、予防焦点は安全（safety）に関係する。また、促進焦点が現実の状態と理想（ideals）との乖離によって生じるのに対し、予防焦点は現実の状態と義務（oughts）との乖離によってもたらされる（Pham and Higgins 2005）。

　制御焦点は消費者個人の永続的な心理的傾向である一方、制御焦点を条件づけることも可能である。

　Zhu and Meyers-Levy（2007）は、このような現象が生じる認知的メカニズムを提示している。それによれば、促進焦点の人は、異なる対象間の共通性、あるいは抽象的な関係性を明らかにしようとする「関係的精緻化（relational elaboration）」を行うという。一方、予防焦点の人は、対象ごとの具体的な属性に焦点を当てる「対象固有の精緻化（item-specific elaboration）」を行おうとする。彼らが行った実験では、促進焦点の人は関係的精緻化を求めるような課題において、予防焦点の人は対象固有の精緻化を求める課題において、それぞれ高いパフォーマンスを示しており、彼らの主張が裏づけられている。

　Pham and Higgins（2005）は、制御焦点が情報処理過程のさまざまな側面に影響を与えるとして、いくつかの命題を提起している。ここでは、制御焦点が情報探索に与える影響についての命題、および選択後の段階に与える影響についての命題を、それぞれ概略的に述べる。なお、制御焦点と情報処理過程のその他の側面―考慮集合の形成、選択肢の評価など―との関係については、第7章において論じる。

　まず、情報探索における命題については、以下のとおりである。
- 促進焦点の場合においても予防焦点の場合においても、情報探索に必要な努力の程度は等しく、探索される情報量も等しい。
- 促進焦点の場合には内部探索、予防焦点の場合には外部探索に重きが置かれる。
- 促進焦点の場合、選択肢がもつ肯定的なシグナルに焦点が当てられるが、予防焦点の場合、選択肢がもつ否定的なシグナルに焦点が当てられる。

・促進焦点の場合、進歩と達成に関連した属性情報が探索されるが、予防焦点の場合、安全と防御に関連した属性情報が探索される。
・促進焦点の場合、属性の数が一定のとき、情報探索が追加的な選択肢についての情報に集中される。予防焦点の場合、選択肢の数が一定のとき、情報探索が追加的な属性についての情報に集中される。
・促進焦点の場合、情報探索はより全体的で「トップ・ダウン (top-down)」の方法になる。予防焦点の場合、情報探索はより局所的で「ボトム・レベル (bottom-level)」の方法になる。

次に、選択後の過程については、以下のような命題を提起している。

・望ましい結果から得られた満足は、促進焦点において強く、望ましくない結果からもたらされた不満は、予防焦点において強くなる。
・促進焦点においては、意思決定の成功は愉快さ (cheerfulness) に関連する感情（喜び、幸福）をもたらし、意思決定の失敗は落胆 (dejection) に関連した感情（悲哀、失望）をもたらす。予防焦点においては、意思決定の成功は静穏 (quiescence) に関連する感情（安堵、弛緩）をもたらし、意思決定の失敗は動揺 (agitation) に関連する感情（心配、緊張）をもたらす。
・促進焦点の場合、省略の過誤（しなかったことの誤り）について後悔する可能性が高い。予防焦点の場合、遂行の過誤（してしまったことの誤り）について後悔する可能性が高い。
・選択肢が肯定的な属性と否定的な属性の両方を併せ持つような選択場面では、促進焦点の場合、拒否した選択肢がもつ肯定的属性に対する不協和が増大する。
・意思決定の結果を一定とすれば、消費者の制御焦点に適合する過程にもとづく選択の場合、適合しない過程にもとづく場合よりも、意思決定の満足が大きくなる。

4-2．マーケティングに関係する先行研究

意思決定の記述理論である「プロスペクト理論 (prospect theory)」によれば、人々は利得に対してリスク回避の傾向を示し、損失に対してリスク・テイキングの傾向をもつ。Chernev (2004)[b] は、消費者の目標志向性（制御焦

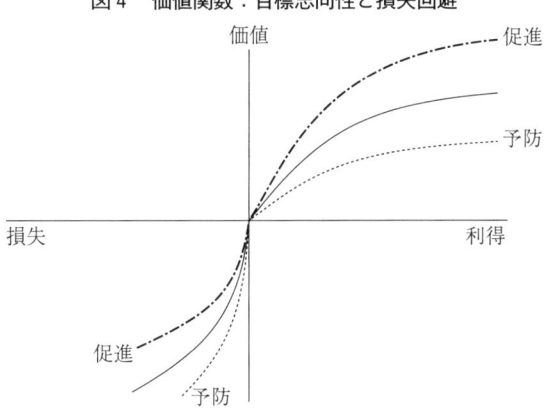

図4　価値関数：目標志向性と損失回避

Chernev, A. (2004)[b], "Goal Orientation and Consumer Preference for the Status Quo," *Journal of Consumer Research*, 31 (3), p. 558, FIGURE1.

点）と現状維持効果との関係を実験によって検証している。その結果、予防焦点の消費者のほうが促進焦点の消費者にくらべて現状維持の選択肢に対して高い選好をもつこと、すなわち、利得に対する強いリスク回避傾向、および損失に対する強いリスク・テイキングの傾向をもつことが示された。図4では、促進焦点の価値関数は利得領域、損失領域の両方において上方にシフトし、予防焦点の価値関数は両領域において下方にシフトする。

　制御焦点と製品またはサービスに対する消費者の反応との関係を扱った研究の例として、以下のようなものがある。Chernev (2004)[a] は、消費者の目標志向性が属性に対する評価の在り方に影響を与えることを実験によって明らかにしている。具体的には、促進焦点の人は、予防焦点の人にくらべて、「快楽的属性（hedonic attribute）」、「パフォーマンス属性（performance attribute）」、「魅力的な属性（attractive attribute）」に対して相対的に大きな重みづけを行う。反対に、促進焦点の人は、「効用主義的属性（utilitarian attribute）」、「信頼性属性（reliability attribute）」、「魅力的でない属性（unattractive attribute）」に対して重みづけを行う。Herzenstein, Posavac, and Brakus (2007) が行った実験では、新規性の高い製品のリスクが明示されないとき、促進焦点の消費者は予防焦点の消費者よりも購買意図が高かったのに対し、

リスクが明示されたとき、どちらの消費者についても購買の可能性が低くなった。

　Jain, Lindsey, Agrawal, and Maheswaran（2007）が実施した実験結果によれば、予防焦点の消費者は、広告メッセージが肯定的なフレームのときに、広告ブランドに対して高い評価を行い、比較ブランドに対して低い評価を行う。一方、促進焦点の消費者は、肯定的なフレームのときに、広告ブランドと比較ブランドの両方により好意的な態度を示す。さらに、予防焦点の人は、促進焦点の人よりも、比較ブランドを先に評価する。Aaker and Lee（2001）は、「独立的自己観（independent self-view）」が強い人は、接近目標と整合的な促進焦点の情報に説得を受けやすいのに対し、「依存的自己観（dependent self-view）」が強い人は、回避目標と整合的な予防焦点の情報に説得を受けやすいことを明らかにした

　上記以外にも、消費者がもつ自尊心（pride）と再購買との関係を検証したものもある。Louro, Pieters, and Zeelenberg（2005）は、消費者の自尊心を「予防的自尊心（prevention pride）」と「促進的自尊心（promotion pride）」とに識別し、予防的自尊心が高い消費者は、促進的自尊心が高い消費者よりも、最購買の可能性が低いが、自尊心が低い消費者の場合、予防的自尊心をもつ消費者と促進的自尊心をもつ消費者との間で差がないことを示した。予防的自尊心とは、予防制御に成功した過去の経験―すなわち、否定的な結果を回避することに成功した過去の経験―によって得られた自尊心のことであり、促進的自尊心は、促進制御に成功した過去の経験―肯定的な結果に接近することに成功した過去の経験―によってもたらされた自尊心をいう。

5．むすび

　本章では、消費者行動研究における消費者の目標についての知見を整理した。

　消費者の目標は、消費者の情報処理過程のあらゆる側面に影響を与えるため、消費者情報処理パラダイムにおいてはきわめて重要な概念である。本章の冒頭で述べたように、新規の製品またはサービスは消費者の記憶中におい

て何らかの目標との連想が形成されていないため、市場導入時のコミュニケーションにおいて、適切な目標を選択すること、新規の製品またはサービスと目標との連想を消費者の記憶中に形成することが求められる。

　第1節では、消費者の目標を、製品またはサービスの消費や使用における目標と消費者の情報処理過程そのものについての目標に分類した。

　第2節では、主要な先行研究が消費者の目標を意味ネットワーク・モデルによって記述していること、消費者の目標の階層性を仮定していることを論じた。これらの仮定にしたがえば、ある目標が活性化されれば、それから連想される上位目標と下位目標が活性化されることになり、その結果として提供物間の関係―代替関係や競合関係―が規定される。

　第3節では、目標の設定過程、および遂行過程について論じた。既存の製品やサービスによって既に達成されつつある既存の目標や、逆に達成されなかった既存の目標を選択する際には、それがもたらす負の効果に注意を要する。

　第4節では、消費者の目標に関係する制御焦点理論の概要について述べた。新規の製品やサービスの開発、および市場導入時のコミュニケーションにおいては、消費者の制御焦点に対して適切に対応することが求められる。

　消費者の目標は、製品やサービスのカテゴリー化、考慮集合の形成といった情報処理の側面に密接に関係している。これらについては、第5章、および第7章においてそれぞれ論じる。

　　1　自己制御とは、自己の行動の内容と自己がもつ内的基準とを比較して自己の行動を評価し、統制することをいう。この概念の背後には、人の行動に影響を与える要因として、環境的要因よりも内的要因を重視する考え方がある。

第5章　新規性の諸相1
―類似性、共通性、代替関係、補完関係―

　本書では、革新性を「価値をともなう新規性」と規定し、新規の実体と既存の実体との関係に対する消費者の相対的情報処理の結果として生起するものとした。ここでの「関係」には、実体間の類似性、共通性、差異、代替性、補完性などがある。本書の主張は、これらの関係に対する消費者の相対的情報処理を適切に生起させることによって、購買の可能性を高めることができる、というものであった。第3章で詳述したように、J. R. Bettmanらによれば、消費者は情報処理過程そのものにおける目標として「選択の正確性の最大化」、「選択に要する認知的努力の最小化」などをもつ。本章では、特に「認知的努力の最小化」に焦点を当て、「認知的努力の最小化」を実現するための情報処理形式について考察する。

　本章の第1節および第2節では、実体間の類似性、共通性にもとづく消費者の相対的情報処理について論じる。消費者情報処理パラダイムに依拠した数多くの研究成果によって、消費者の情報処理は記憶中に保存された他の実体―既知の製品やサービスなど―についての情報を有効に利用して行われることが明らかにされている。ここでは、こういった情報処理形式のうち代表的な「カテゴリー化」、「類推」、「メタファー」についての知見を整理し、これらを適切に生起させる方法について検討する。

　第3節では、複数のカテゴリー間の関係として、代替関係と補完関係を取り上げ、これらについての代表的な見解の整理を行い、本章第1節、第2節、および次章の内容との関連について述べる。

1. カテゴリー

　人は情報処理において「最小の認知的努力をもって最大の情報」を得るために、カテゴリーを利用する (Rosch 1978)。本節では、カテゴリーを用いた

情報処理形式について詳述する。

1-1. カテゴリー化の諸理論―新しい製品またはサービスはいかにして既存カテゴリーに分類されるか―

製品やサービスがどのカテゴリーに分類されるかによって情報処理過程の各側面が大きな影響を受ける。特に、新規に市場導入された製品やサービスの場合、それが帰属するカテゴリーが自明ではない。消費者は、新規の製品やサービスを既存カテゴリーに帰属させるかもしれないし、既存カテゴリーのサブ・カテゴリーや新規のカテゴリーを形成し、そこに帰属させるかもしれない。あるいは、マーケターが消費者に対してカテゴリーを意図的に提示することによって、帰属先のカテゴリーが決定されるかもしれない。

本項では、個人としての消費者が製品やサービスのカテゴリーをどのように知覚するのか、新しい対象―新規に市場導入された製品やサービス―をいかにして既存カテゴリーに分類するのか、あるいは、どのようにしてカテゴリー化を意図的に生起させるか、について論じる。上記の問題については、これまでいくつかの見解が提唱されてきた。以下では、Medin and Coley (1998) にもとづいて、心理学から援用されたカテゴリー化に関する代表的な見解を整理する。カテゴリー化についての諸見解は、新倉 (2001) などによって既に詳細に解説が加えられているため、ここでは、それらの概要のみを論じるにとどめたい。

① 古典的見解

「古典的見解 (classical view)」は、カテゴリーが「定義的特徴 (defining features)」によって規定されるとする見解である。それによれば、ある対象がカテゴリーに属するか否かの必要十分条件は、カテゴリーの定義的属性をその対象がもつことである。したがって、この見解では、あるカテゴリーのメンバーはすべて等質であること、カテゴリーには明確な境界が存在すること、などが仮定されている。現実には、消費者がこのような方法によってカテゴリー化を行うことはないといわれている。

② 確率的見解

「確率的見解 (probabilistic view)」によれば、カテゴリーはその「原型 (prototype)」によって規定され、ある対象がカテゴリーのメンバーであるか否かは、原型との「家族的類似性 (family resemblance)」の程度によって、具体的には対象がカテゴリーの「特性的特徴 (characteristic features)」をどの程度保有するかによって、確率的に決定される。原型とは当該カテゴリーがもつ特徴を寄せ集めた、そのカテゴリー「らしい」抽象的な実体であり、必ずしも現実に存在するものではない。この見解によれば、カテゴリーのメンバーは等質ではなく、カテゴリー「らしさ」の程度が異なり、カテゴリーの境界は曖昧である。

③ 「典型的事例」によって説明する見解

カテゴリーがそれに属する「典型的事例 (exemplar)」によって規定されるという見解である。ある対象がカテゴリーのメンバーであるか否かは、典型的事例との類似性によって決まる。典型的事例とは、カテゴリーに属する対象のうち最もそのカテゴリー「らしい」具体的な実体のことであり、現実に存在する対象であるという点において、前述の「原型」とは異なる。例えば、「ハイブリッド車」というカテゴリー「らしい」メンバーとして「プリウス」を生起する消費者は多いであろう。この場合、ある車が「ハイブリッド車」に分類されるか否かは、典型的事例としての「プリウス」との類似性によって決定されるということになる。

④ 「理論」や「目標」によって説明する見解

カテゴリーが消費者の記憶中にある何らかの「理論 (theory)」によって規定されるという見解である (Murphy and Medin 1985)。理論とは、人が世界のなかにある対象や事象を理解するために記憶中に保持している単純化された心的モデルであり、概念 (concept) やカテゴリーは、この理論のなかに組み込まれている。ある対象がカテゴリーに含まれるか否かは、カテゴリーの説明原理である理論をもつか否かによって決定される。例えば、「お歳暮やお中元にふさわしい贈答品」というカテゴリーは、カテゴリー・メンバーどうしの類似性ではなく、「お歳暮やお中元にふさわしい贈答品は、相手に喜ばれるような商品である」といった理論にもとづいて形成されており、「洗剤」や「ビール」などの対象がこの理論に適合するものであれば、カテゴリー・メンバーとなる。

また、L. W. Barsalou は、「目標導出カテゴリー (goal-derived category)」の概念を提出している。この見解によれば、ある対象がカテゴリーのメンバーか否かは、カテゴリー・メンバーどうしの類似性によるのではなく、「小さなスーツ・ケースにつめるもの」、「ダイエットのときに食べるもの」、「家の塗装のときに着る服」といったように、カテゴリー・メンバーに共通の達成可能な「目標 (goal)」によって決定されるという (Barsalou 1991)。

「目標導出カテゴリー」概念にもとづく研究は、S. Ratneshwar や C. Pechmann らによって消費者行動研究においても展開されてきた。彼らは、消費者のカテゴリー化が、生体外部の刺激にもとづいて「ボトム・アップ」に行われるのではなく、むしろ目標などの記憶中の情報にもとづいて「トップ・ダウン」に遂行されることを強調している。Ratneshwar et al. (2001)は、記憶中の個人的目標（例えば「健康であること」）や状況的目標（例えば「利便性を高めること」）が活性化することによって目標導出カテゴリー内の製品またはサービスどうしの類似性が高まること、この効果は製品またはサービスどうしの表面的、視覚的な類似性が低いときほど顕著であることを、実験によって明らかにした。

1-2. カテゴリー・ラベルの操作

マーケティングの文脈において、消費者のカテゴリー化に強い影響を与える要因であり、かつマーケターによって最も直接的に操作が可能な要因は、カテゴリー・ラベルである。

Yamauchi and Markman (2000) は、カテゴリー・ラベルが帰納的推論に強い影響を与えることを実験によって明らかにしている。

Mogilner, Rudnick, and Iyengar (2008) は、「単純カテゴリー化効果 (mere categorization effect)」を小売店における調査と実験室での実験によって示している。それによれば、ある領域に対する消費者の親近性が低いとき、その領域を分類する複数のカテゴリー・ラベルを提示することそのものが、選択における消費者の満足を向上させる。なぜなら、提示されるカテゴリー・ラベルの数が増大するほど、多様性が知覚され、「自己決定の感覚 (sense of self-determination)」を得ることができるからである。ただし、この効果は、

消費者の親近性が高い領域では小さくなる。

Moon（2005）は、Swatchが自社の製品を高級宝飾品としてではなく、「ファッション・アクセサリー」カテゴリーに位置づけたように、提供物に従来とはまったく異なるカテゴリー・ラベルを付与することによって、成熟期にある提供物を成長期に引き戻すことが可能であると論じている。

石井（1993）が指摘するように、企業が付与したカテゴリー・ラベルと消費者が知覚するカテゴリー・ラベルとは必ずしも一致しない。しかしながら、消費者のカテゴリー化を完全に統制することは難しいものの、それが消費者の情報処理過程に影響を与えるための強力な手段であることは明らかであろう。

カテゴリー・ラベルを製品やサービスに付与し、消費者に提示する方法はさまざまである。広告などによってコミュニケーション・メッセージとして直接的に言及する方法、小売店舗における陳列によってカテゴリーを示唆する方法、ブランド名にカテゴリー・ラベルを含める方法（例：「花王ヘルシア緑茶」）などがある。

以上のように、消費者が新規に市場導入された製品またはサービスをどのカテゴリーに分類する際の基準は、カテゴリー・メンバーどうしの属性上の類似性、達成可能な共通の目標、カテゴリー・ラベルである。

1-3．カテゴリーの構造

Rosch, Mervis, Gray, Johnson, and Boyes-Braem（1976）は、自然カテゴリー（natural category）には「上位水準（superordinate-level）」、「基礎的水準（basic-level）」、「下位水準（subordinate-level）」があり、人は日常生活において基礎的水準のカテゴリーを多く用いることを明らかにした[1]。同様に、消費者行動研究においても、消費者の記憶中の製品やサービスに関するカテゴリーについて階層性が仮定されている（Alba and Hutchinson 1987）。例えば、「自動車」が基礎的水準とすれば、「乗り物」は上位水準、「コンパクト・カー」や「軽自動車」などは下位水準となり、「携帯電話」を基礎的水準とすれば、「通信機器」は上位水準であり、「スマートフォン」は下位水準となる。

記憶中のカテゴリー構造は、消費者個人の当該カテゴリーに対する「親近性 (familiarity)」―経験量―や「熟達 (expertise)」―課題を成功裡に行う能力―によって異なるといわれている。あるカテゴリーにおける親近性が増大すればするほど、基礎的水準だけでなく、上位水準におけるカテゴリー化、および下位水準におけるカテゴリー化（サブ・カテゴリーの形成）を行えるようになる (Alba and Chattopadhyay 1985)。また、あるカテゴリーにおける熟達者は、初心者よりも、サブ・カテゴリーを用いて既存のカテゴリーを分割する可能性が高い (Sujan 1985)。さらに、熟達者は、初心者と比較して、カテゴリーに属する各ブランドに固有の情報を正確に保持している、カテゴリー化に際して表面的な属性に影響を受けにくい、カテゴリー化が基礎的水準からより抽象的な上位水準になるほど、多様なブランドを比較することができるようになる、より正確、複雑で、ステレオタイプではないカテゴリー構造をもつ、といった特徴をもつ (Alba and Hutchinson 1987)。

新規に市場導入された製品やサービスのカテゴリー化は、既存のカテゴリーへの分類、新規のカテゴリーの形成とそれへの分類、既存のカテゴリーに対するサブ・カテゴリーの形成とそれへの分類、の3つのパターンを識別することができる。特に、提供物の新規性が高いほど、それを既存のカテゴリーに分類することは難しく、新規のカテゴリーの形成や、サブ・カテゴリーの形成がなされる可能性が高くなる。

Sujan and Bettman (1989) は、カテゴリー化の不確実性 (categorization uncertainty) が高いとき、すなわち新製品が既存のカテゴリーとの間に類似性とともに差異をもつとき、消費者は新たにサブ・カテゴリーを創造することによって、この矛盾に対処することを示した。

Lajos, Katona, Chattopadhyay, and Sarvary (2009) は、「活性化拡散モデル (spreading activation model)」の一種である「カテゴリー活性化モデル (category activation model)」を提唱した。活性化拡散モデルは、Collins and Loftus (1975) によって提唱された意味ネットワーク (semantic network) のモデルであり、ある概念が処理されれば、その概念が活性化するだけでなく、それと意味的に関連する別の概念の活性化ももたらされると仮定する。カテゴリー活性化モデルによって、新規の製品またはサービスのために新た

に形成されたサブ・カテゴリーがどの既存カテゴリーのもとに位置づけられるかを予測することができる。このモデルによれば、新たに形成されたカテゴリーが特定の既存カテゴリーの下位に位置づけられる確率は、当該既存カテゴリーの下位に既に位置づけられているカテゴリーの数に比例するという。Lajosらは、その理由として、サブ・カテゴリーの数が多いほど、当該既存カテゴリーの接近可能性が向上することを挙げている。

1-4．カテゴリーにもとづく情報処理

構成的選択理論では、消費者がもつ4つの目標の1つとして、認知的努力の最小化が仮定されている。情報処理過程における認知的努力を節減する方法の1つは、記憶中の知識や技能を情報処理において効果的に用いることである。新しい製品やサービスに直面した消費者は、単にそれがどのカテゴリーに属するかを知覚するだけでなく、多くの場合、知覚したカテゴリーに付随した情報を効果的に用いて新規の提供物に対する情報処理―情報取得、評価、選択―を行うといわれている。

消費者行動研究では、カテゴリーにもとづく消費者の情報処理について、多くの研究成果が提出されてきた。

① 情報取得

カテゴリーにもとづく情報取得については、Fiske and Pavelchak (1986) や Sujan (1985) などの研究成果にもとづいて、清水 (1999) が明快な整理を行っている。

それによれば、外部の刺激とカテゴリーとの一致の程度によって消費者の情報処理過程が変化するという（図1）。消費者は、外部の刺激情報とカテゴリーが完全に一致したとき、記憶中のカテゴリーに関する情報をそのまま採用し、両者間に適度な不一致が生じたとき、1つ1つ丁寧に属性の処理（逐次的処理）を行う。両者間に大きな不一致が生じたとき、判断が中止される。

② 評価

消費者は、知覚したカテゴリーにもとづいて、新規の対象に対する評価をも行う。Mandler (1982) は、スキーマの一致の程度が情緒的な反応に与える影響ついての仮説を提起した。新規の製品と記憶中のカテゴリー・スキー

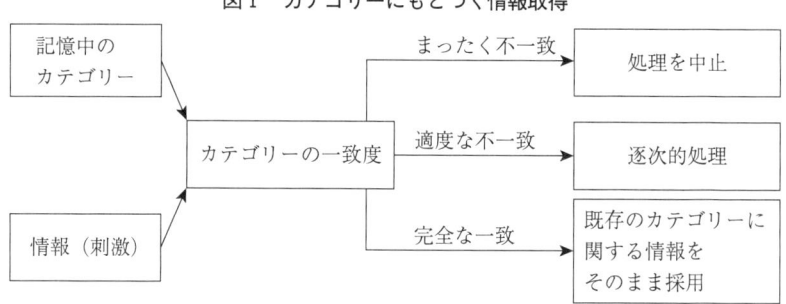

図1　カテゴリーにもとづく情報取得

```
記憶中の
カテゴリー ─┐
            ├→ カテゴリーの一致度 ─ まったく不一致 →　処理を中止
情報（刺激）─┘                  ─ 適度な不一致 →　逐次的処理
                                ─ 完全な一致 →　既存のカテゴリーに
                                                関する情報を
                                                そのまま採用
```

清水　聰（1999）、『新しい消費者行動』、千倉書房、p. 114、図表5-5を改変。

マとの「適度な不一致（moderately incongruity）」が知覚されたとき、新規の製品に対する好意的な評価が生じるが、両者間に「極端な不一致」が知覚されたとき、および「完全な一致」が知覚されたとき、新規の製品に対する好意度は相対的に低下する、という仮説を提起した。その後、Meyers-Levy and Tubout（1989）は、この仮説を実験によって検証し、支持している。

　これらの知見から、マーケターは、新規に製品やサービスを市場導入する際、消費者が記憶中に保持するカテゴリーのうち、どのカテゴリーに帰属させるかを適切に決定する必要がある。特に、新規性の高い製品やサービスは、多くの既存カテゴリー・スキーマと「極端な不一致」をもたらす可能性があるため、可能な限り一致の程度の高いカテゴリーに帰属させることが望ましいであろう。反対に、新規性の低い製品やサービスは、多くの既存カテゴリー・スキーマと「完全な一致」を知覚されやすいため、相対的に一致の程度の低いカテゴリーに帰属させることが適切であろう。

1-5．同化と対比

　カテゴリーに関わる諸概念のなかで重要なものが、「同化（assimilation）」と「対比（contrast）」である。

　同化・対比理論によれば、ある対象が何らかのカテゴリーに類似していると知覚されたとき、その対象は当該カテゴリーに同化され、ある対象が何らかのカテゴリーに類似していないと知覚されたとき、その対象は当該カテゴリーと対比されるという。ここで、同化とは、対象とカテゴリーとの間の特

図2　同化と対比

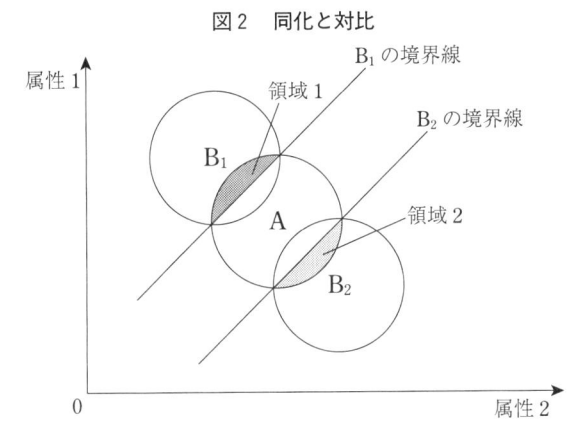

Quellar, S., T. Schell, and W. Mason (2006), "A Novel View of Between-Categories Contrast and Within-Category Assimilation," *Journal of Personality and Social Psychology*, 91 (3), p. 408, Figure1を修正。

徴の差異が実際よりも縮小されて知覚されることをいい、対比とは、対象とカテゴリーとの間の特徴の差異が実際よりも拡大されて知覚されることをいう。

　Quellar, Schell, and Mason (2006) は、同化および対比が生じるメカニズムを明らかにしている。図2のように、属性1と属性2という2つの次元、カテゴリーA、B_1、B_2を仮定する。カテゴリーAとカテゴリーB_1との間、およびカテゴリーAとカテゴリーB_2との間にそれぞれ境界が知覚されている。このとき、領域1に属する事例は、属性1における属性水準が実際よりも高く知覚されてしまう。同様に、領域2に属する事例は、属性2における属性水準が実際よりも高く知覚される。Quellarらは、その理由を、2つのカテゴリー間の境界によって両者を明確に区分しようとするためであるとしている。

　新規の製品やサービスが複数のカテゴリー間の境界付近にあるとき、上記のように、同化や対比が生じる可能性がある。したがって、新規の製品またはサービスの開発、市場導入時のコミュニケーションにおいては、単一のカテゴリーのみに焦点を当てるのではなく、近接的な複数のカテゴリーとの関係にも注意を払う必要がある。

2. 類推とメタファー

　消費者行動研究では、消費者の情報処理における「認知的努力の低減」にかかわる情報処理形式として、カテゴリー化以外にも、類推やメタファーなどが研究対象とされてきた。類推、およびメタファーとは、記憶中の他の実体―製品やサービス、あるいはそれ以外の事物―を参照することによって新たな情報や知識を取得する過程である。

2-1. 類推

　第2章で述べたように、消費者情報処理パラダイムでは、1990年代後半以降、消費者の情報取得過程にかかわる概念として「類推 (analogy)」が注目されるようになった。

① 類推過程

　鈴木 (2002) によれば、一般に、類推過程は、「ターゲット表象の生成」、「ベースの検索」、「写像」、「正当化と適合」、「学習」という段階からなり、状況によって各段階が省略されたり、各段階の順序が入れ替わることもあるという[2]。消費者が直面する対象―新規の製品やサービスなど―を「ターゲット (target)」、ターゲットと比較される記憶中の実体を「ベース (base)」という。「ターゲット表象の生成」とは、消費者が直面する新規の製品またはサービスの表象が生じることをいう。「ベースの検索」とは、ターゲットの理解に資するベースを記憶中から検索することである。「写像」とは、ターゲットとベースとの間で要素の対応づけを行い、かつベースについての重要な情報をターゲットに転移することをいう。「正当化と適合」とは、写像の結果をチェックすることであり、「学習」とは、写像の結果をそのまま、またはスキーマとして長期記憶に保存することである。

　Gregan-Paxton and John (1997) は、次のような例を用いて類推過程を説明している。

あなたがオフライン・ウェブ・リーダーという新しいソフトウェア・プログラムに関心をもっているとしよう。オフライン・ウェブ・リーダーは、ウェブ・ページをコンピュータのディスク・ドライブにダウンロードするものである。オフライン・ウェブ・リーダーというなじみのない領域（ターゲット）について新たに学習する方法の1つは、ビデオデッキという領域（ベース）のように自らがよく理解しているものに対してそれを関連づけることである。ビデオデッキについての知識をベースとして用いれば、消費者がメディア・コンテンツを検索、貯蔵することができるという点において、オフライン・ウェブ・リーダーがビデオデッキに関連している、と気づくであろう。2つの領域がこの点において関連しているとすれば、他の点においても同様に関連していると必然的に期待することになる。例えば、あなたが、ビデオデッキでテレビ番組をビデオカセットに録画すれば、その番組をいつでも、どのテレビでも見られるようになることを知っているとしよう。この知識をオフライン・ウェブ・リーダーに対して転移させれば、この新しい製品がウェブ・ページをディスクにコピーするものであり、それによっていつでも、どのコンピュータでも特定の情報を見る（アクセスする）ことができる、と理解される。あなたが、ビデオデッキはプログラミングが難しいことを知っているとしよう。そのことからオフライン・ウェブ・リーダーもプログラミングが難しいと推量するであろう。この文脈では、ビデオデッキについての知識がオフライン・ウェブ・リーダーへの理解を深めているという点において、学習が生じているのである。

② 構造写像理論と多重制約理論

類推に関する代表的な理論として、D. Gentner らが提起した「構造写像理論 (structural mapping theory)」と K. J. Holyoak と P. Thagard らによる「多重制約理論 (multiple constraint theory)」を挙げることができる（鈴木 2002）。

Gentner (1983) が提起した構造写像理論によれば、類推とは「対象の属性ではなく、対象間の関係のベースからターゲットへの写像」（傍点は筆者による）であり、写像は次の3つの規則にしたがうという。

第1に、類推では、対象のもつ「関係 (relation)」が写像されるのであって、表面的な「属性 (attribute)」は写像されないということである。前項の例を用いれば、ビデオデッキの色、形、大きさなどはオフライン・ウェブ・リーダーに写像されない。

第2に、写像が「構造的に一貫している（structurally consistent）」ことである。「構造的に一貫している」とは、ベースとターゲットそれぞれの要素が1対1で写像され、かつ要素間の関係が一貫性をもつことである。「テレビ番組をビデオカセットに録画すること」という関係と「ウェブ・ページをディスクにコピーすること」という関係を考えよう。前者の「テレビ番組」、「ビデオカセット」、「録画する」という各要素が、後者の「ウェブ・ページ」、「ディスク」、「コピーする」という各要素にそれぞれ1対1で写像され、さらに3つの要素間の関係—コンテンツを記録媒体に記録するという関係—も同様に写像される。「録画すれば、その番組をいつでも、どのテレビでも見られる」という関係と「コピーすれば、特定の情報をいつでも、どのコンピュータでも見る（アクセスする）ことができる」という関係の場合、前者の「録画する」、「番組」、「いつでも、どのテレビでも見られる」という各要素が、後者の「コピーする」、「特定の情報」、「いつでも、どのコンピュータでも見る（アクセスする）ことができる」という各要素にそれぞれ1対1で写像され、3つの要素間の関係も写像される。

　第3の規則は、「システム性（systematicity）」であり、高階の関係（higher-order relation）が優先的に写像されることをいう。例えば、「ビデオカセットをビデオデッキに挿入する」という関係から「CDをハードウェアに挿入する」という関係に対する写像よりも、「テレビ番組をビデオカセットに録画すること」という関係から「ウェブ・ページをディスクにコピーすること」という関係への写像のほうが優先される。さらに、これらの写像よりも、「テレビ番組をビデオカセットに録画すれば、その番組をいつでも、どのテレビでも見られる」という関係から「ウェブ・ページをディスクにコピーすれば、特定の情報をいつでも、どのコンピュータでも見る（アクセスする）ことができる」という関係への写像のほうが優先される。

　HolyoakとThagardは、多重制約理論を提唱し、類推における制約として次の3つを挙げた[3]。1つ目は「構造の制約」であり、上記の構造写像理論が説く制約である。2つ目は「意味的類似性（semantic similarity）」である。要素どうしの対応づけの可能性は、「それらが類似した意味をもつ程度」によって影響を受ける。つまり、類推過程では、ターゲットとベースが互い

に類似した意味をもっているとき、写像されやすい。3つ目は「プラグマティックな中心性 (pragmatic centrality)」である。類推過程では、類推を用いる目標が重要な役割を果たし、目標が異なれば写像される関係も変化するという。

③ カテゴリーにもとづく情報処理と類推との相違

類推は、前章で説明したカテゴリーにもとづく情報処理とはいくつかの点において異なる。Gregan-Paxton and John (1997) は、伝統的に用いられてきたカテゴリーにもとづく情報処理は、消費者の知識転移をせいぜい「カテゴリー化の副産物 (by-product of categorization)」としか捉えておらず、広範な消費者の知識獲得現象を説明できないことを、次のように主張している。

> 結果的に、カテゴリー化のパラダイムに導かれた研究は、専ら、新しい刺激の体制化における副産物として生じるような転移に焦点を当ててきた。それは、例えば、新しい種類のカメラが既存の種類のカメラにカテゴリー化された後に生じるような信念の転移である。このパラダイムが見逃してきたのは、カテゴリーが新しい刺激を体制化するための主要な方法としての役割を果たすのではなく、カテゴリーが新しい刺激についての価値のある情報源としての役割を果たすような状況である。確かに、「カメラ」カテゴリーから新しいカメラへの知識転移によって新しいカメラについて多くを学習することができる。しかしながら、例えば人間の目についての知識がカメラに転移することによっても学習が生じうる（例えば、人間の目がものを鮮明に見るために光を必要とするように、よい写真のためにカメラには光が必要である）。したがって、カテゴリー化の見方に依拠することによって、知識転移の問題において過度に狭小な見解がもたらされてきた。こういった見解では、きわめて多様な文脈における学習を促進するのに事前知識がいかに役立つかが、あまりにも過小評価されてしまう。

カテゴリーにもとづく情報処理と類推との具体的な相違点は何であろうか。

相違点の第1は、ベース領域の範囲である。前章で述べたように、カテゴリーにもとづく情報処理の生起には、「旧来の自動車」と「新規に市場導入された自動車」、「既存のノート・パソコン」と「新しいノート・パソコン」、「昔からある緑茶飲料」と「新しく発売された緑茶飲料」といったように、

表 1　製品またはサービスの新規性の程度とカテゴリーにもとづく情報処理

製品またはサービスの新規性の程度	検索されたベース (既知の製品やサービスなど) との一致の程度	情報処理形式
高い	低い	処理を中止 (カテゴリーにもとづく情報処理が生起しない)
中程度	中程度	逐次的処理
低い	高い	カテゴリーにもとづく情報処理

筆者作成。

カテゴリー・ラベルが一致していることが条件となる。つまり、カテゴリーにもとづく情報処理は、カテゴリー・ラベルが一致する対象間での知識の転移を記述する概念である。これに対して、類推は、カテゴリー・ラベルがまったく異なる対象間においても成立する。Gregan-Paxton らが挙げている、カメラを人の目の類推によって理解するという例のように、ターゲットが製品やサービスであっても、ベースは必ずしも製品やサービスでなくてもよい。

　第2は、転移する知識の制約 (constraints) である (Gregan-Paxton and Moreau 2003)[4]。カテゴリーにもとづく情報処理は、転移可能な知識の制約が相対的に少ない。言い換えれば、ベースにまつわるさまざまな要素、要素間の関係、構造などが転移可能である。これに対して、類推では、既に述べたように、転移する知識が関係や構造のみに制約される。

　第3は、カテゴリーにもとづく情報処理は新規性の高い製品やサービスにおける知識の転移を説明できないが、類推はそれが可能であるという点である。製品またはサービスの新規性が高ければ高いほど、それとカテゴリー・ラベルが一致するベースが記憶中から検索される可能性は低くなり、カテゴリーにもとづく情報処理は生起しにくくなる (表1)。これに対し、類推の場合、ベースが異なるカテゴリー・ラベルをもつ対象であってもよい。

④　適切な類推が生起する条件

　新規の製品やサービスに直面した消費者は、実際に類推を生起させるので

あろうか。

　Roehm and Sternthal (2001) は、ベース領域の「熟達 (expertise)」が適切な類推の起動にとって重要であることを、実験によって明らかにしている。彼らの実験結果によれば、ベース領域に関する熟達者は初心者よりも類推を理解し、類推を用いた説得の影響を受けやすく、類推と表面的類似性 (literal similarity) のいずれをも理解しやすいが、類推による説得のほうに影響を受けやすい。逆に、初心者は類推よりも表面的類似性を理解しやすく、かつ表面的類似性による説得の影響を受けやすい。ただし、初心者は、属性間の関係に注目するよう「教示 (instruction)」を与えられたとき、および処理課題に多くの資源を投入するように教示を与えられたとき、どちらの教示もないときと比較して、類推を理解し、類推による説得の影響を受けやすくなる。

　鈴木 (2002) は、適切な類推を生起させる条件として、次の3つを挙げている。第1に、3種類の制約の「相互作用」である。類推を適切に生起するには、HolyoakとThagardが提起した3種類の制約を可能な限り満たす必要があるという。第2に、抽象的な知識の活用である。例えば、「電流」を「水流」の類推で理解するとき、水流に関する具体的な知識は捨象され、「(閉じた) 流れる系」という抽象的な知識が重要な役割を果たしている (鈴木 2002)。抽象的な知識の活用は抽象的な対象や事象を理解する際に効果的であるという。第3に、複数の類推である。複雑なシステムを理解するときに、単一のベースからの類推だけでは不十分なことが多いという。このとき、「複数のベースを組み合わせて、相互の一貫性を確認しながら」類推を生起させることが有効である (鈴木 2002)。

　Roehm and Sternthal (2001) および鈴木 (2002) が示した条件を満たすことによって、適切な類推を生起させ、情報処理―ここでは情報取得―における認知的努力の低減を実現することができる。

2-2. メタファー

　マーケティング研究では、「メタファー (metaphor)」についての先行研究もいくつか見られる。武井 (2007) は、メタファーの類型、機能などの理論

的整理、および先行研究の系譜の整理を行っている。G. Zaltman は、消費者の無意識（unconsciousness）が行動に強く影響を与えると主張し、メタファーを用いて消費者の無意識を理解するための手法である ZMET を提案している（Zaltman 2003）。

一般的に、メタファーは、「2つの事物・概念の何らかの類似性に基づいて、一方の事物・概念を表す形式を用いて、他方の事物・概念を表す比喩」のことであり、修辞的手法の1つとして認識されてきた（籾山・深田 2003）。メタファーは、「比喩（figure of speech）」の一種であり、比喩には他に「換喩（metonomy）」、「提喩（synecdoche）」などが含まれる。

コミュニケーション・メッセージにおけるメタファーを単なる修辞的手法としてではなく、認知的な観点から捉え直す契機となったのが、Lakoff and Johnson（1980）である。Lakoff らは、メタファーを「あるものを別のものによって・理・解・す・る・こ・と、および経験すること」（傍点は筆者による）と規定している。彼らによれば、メタファーとは、ある概念領域から別の概念領域への写像、すなわち概念間の対応づけである（図3）。このようなメタファーは、「概念メタファー（conceptual metaphor）」と呼ばれる。彼らは、概念メタファーがわれわれの日常生活における思考過程の大部分を形成していると論じている。Lakoff and Johnson（1980）以降、主に認知言語学の研究者によって概念メタファーについての研究が行われてきた。

マーケティングの文脈では、製品やサービスのカテゴリー・ラベル、ブラ

図3　メタファーにおける概念領域間の写像

起点領域　　目標領域　　● 概念
　　　　　　　　　　　　➔ 写像

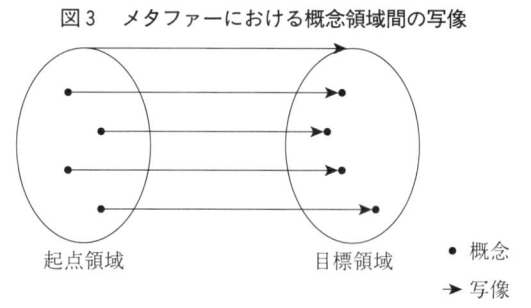

高尾亨幸（2003）、「メタファー表現の意味と概念化」、松本曜編、『認知意味論』、大修館書店、p.202、図1。

ンド名、広告表現などにおいて、概念メタファーが数多く見られる。例えば、「おサイフケータイ」についての理解は、起点領域の「財布」がもつさまざまな要素―「お金を入れる」、「お金を持ち運ぶ」、「支払いの際にお金を出す」など―が目標領域である「おサイフケータイ」に写像されることによって生じる。「ノート・パソコン」は、「ノート」という起点領域の諸要素―「持ち運びが簡単にできる」、「使用時に開く」など―が写像されることによって理解される。

メタファーと類推との相違については、必ずしも一致した見解が見られるわけではないが、瀬戸 (1995) が次のような説明を行っている[4]。

> 割り切っていえば、メタファーが点対応であるのに対して、アナロジーは面対応である。たとえられるものA（未知）が、たとえるものB（既知）との点対応によって理解される―これがメタファー。たとえられるものA（未知）の諸特質が、($a_1\ a_2\ a_3\ \cdots$) たとえるものB（既知）の諸特質 ($b_1\ b_2\ b_3\ \cdots$) との面対応によって理解される―これがアナロジー。アナロジーとは、一貫したメタファーの連続的対応のことをいう。
>
> 当然予想されるように、両者の間には、明確な線は引けない。なぜなら、優れたメタファー（優れた着想）は、すぐにアナロジーの方へ展開しようとする潜在力を秘めているからである。この意味で、有力なメタファーは潜在的アナロジーと理解してよい。また、逆に、アナロジーは構造的メタファーと理解してよい。なぜなら、アナロジーとして展開するメタファーは、ふつうデタラメにあちらこちらに飛ぶのではなく、一貫した構造（システム）を形成するからである。

広告研究では、Lakoffらによる概念メタファーにもとづいた研究成果がいくつか提出されてきた。例えば、Morgan and Reichert (1999) は、広告メッセージの理解が①具体的なメタファーを用いた場合と抽象的なメタファーを用いた場合とで異なるか、②個人間の差異によって異なるかを検証した。その結果、抽象的なメタファーに対する理解よりも具体的なメタファーに対する理解のほうが容易であること、「統合的処理（integrative processing）」を行う傾向にある人は具体的なメタファーと抽象的なメタファーの両方に対して正確な解釈を行うことが明らかになった。Pawlowski, Badzinski, and

Mitchell (1998) は、広告表現におけるメタファーに対する子どもの理解について、実験による検証を行っている。

現在のところ、マーケティングにおけるメタファー研究は、上記の広告研究におけるいくつかの研究以外に、G. Zaltman による一連の研究や武井 (2007) による理論的研究などが見られるにとどまっており、特に、概念メタファーについての研究はきわめて少ないといえる。しかしながら、マーケティング実務においても多用されていること、認知言語学における研究成果が明らかにしてきたように、概念メタファーがわれわれの日常生活における思考—特に新しい事物に対する理解—に大きな影響を及ぼしていることを考慮すれば、概念メタファーによって消費者の情報取得を促進する方法などについての新たな研究が期待される。

3．カテゴリー間の関係

カテゴリー（特に理論や目標にもとづくカテゴリー）、類推、メタファーなどの研究成果から明らかなように、消費者は単一カテゴリー内における情報処理だけでなく、複数のカテゴリーを横断した情報処理—情報取得、評価—を行っている。そして、このことが市場における提供物間の関係の多様性をもたらしている。本節では、類似性や共通性以外の提供物間の関係—代替関係や補完関係—についての代表的な見解を整理する。

3-1．Russell et al. (1999) の所説

Russell et al. (1999) によれば、カテゴリー横断的な情報処理には、次の3つの種類がある。

第1は、「カテゴリー横断的考慮 (cross-category consideration)」、すなわち、複数のカテゴリーが1つの消費目標を満たすことができ、選択肢が複数のカテゴリーを横断して形成されるような選択過程である。この過程は、第7章「考慮集合の形成、および選択肢の評価と選択」において論じる。

第2は、「カテゴリー横断的学習 (cross-category learning)」である。カテゴリー横断的学習とは、「別のカテゴリーの過去の保有、経験、使用によっ

て消費者の認知と情緒が変化すること」であり、ある選択の結果がその後の選択に影響を与えることをいう。Russellらは、自転車を保有することがバイクに対する関心を刺激する、といった例や、過去にCDプレイヤーを購買した消費者は、CDの使用によって音楽に対する関心が変化するため、ピアノを購買しやすくなる、などの例を挙げている。

　第3に、「製品バンドリング（product bundling）」、すなわち「2つ以上の代替可能でない製品」が組み合わせられる過程である。コンピュータとソフトウェアとの組み合わせ、ワープロ・ソフトや表計算ソフトなどがパッケージ化された製品などがその例である。製品バンドルは、補完的製品が望ましい便益を提供するために組み合わせられるとき（例：カメラとフィルム）、カテゴリーの多様性が重要であるとき（例：定期購読雑誌の組み合わせ）、複数の製品を同時に購買することによって取引費用が低減するとき（例：食料品店における買物カゴの中身）、などに形成されるという。

3-2．Shocker, Bayus, and Kim（2004）の所説

　Shocker, Bayus, and Kim（2004）は、Russell et al.（1999）らの見解をさらに発展させ、カテゴリー間の関係についての新たな概念的枠組を提示している。Shockerらによれば、マーケティング研究では、複数のカテゴリー間の補完関係と代替関係とは相互に影響を与えない、といった理解が伝統的になされてきた（図4）。Shockerらは、これらの関係についてより詳細な検討を行っている。

　彼らは、カテゴリー間の関係を静態的関係と動態的関係とに識別している（図5）。以下では、これらの関係について詳述する。

　① 静態的関係

　静態的関係とは、長期にわたって安定的であり、変化しない関係をいう。静態的関係には、補完関係であると同時に代替関係でもあるような関係も含まれる。補完的であり同時に代替的でもある関係の例として、「ハンバーガー」と「ダイエット・ソフト・ドリンク」との関係があるという。「ハンバーガー」を食べるときに「ダイエット・ソフト・ドリンク」を飲む場合、両者の関係は「補完的」であるが、カロリーの低い「ダイエット・ソフト・ド

図4　カテゴリー間の関係についての伝統的な見解

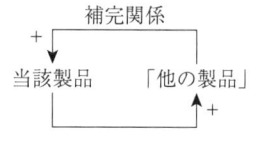

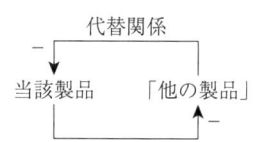

補完関係

当該製品　　「他の製品」

代替関係

当該製品　　「他の製品」

Shocker, A. D., B. L. Bayus, and N. Kim（2004）, "Product Complements and Substitutes in the Real World : The Relevance of 'Other Products'," *Journal of Marketing,* 68（1）, p. 29, FIGURE1.

リンク」を飲むことによってカロリーの高い「ハンバーガー」を食べることを控えるようになれば、両者の関係は「代替的」である。

　静態的関係には、次の4種類がある。

　「一般的な代替関係（substitutes-in-use）」は、複数のカテゴリーが競合している関係であり、それらが消費者の同一の目的を満たし、類似の顧客をもつことから生じる[5]。例えば、現在のところ、DVDとBDとの関係などはこれにあてはまるであろう。この関係では、「二者択一（trade-off）」—価格の高低と品質の高低など—が生じることが多く、1つのカテゴリーが別のカテゴリーに優越することはほとんどない。しかし、二者択一が解消されればされるほど、一方が他方に優越し、両者の共存は難しくなる。価格や流通チャネルの違いによって直接的な競争を排除できることもある。

　「機会的代替関係（occasional substitutes）」は、より高階（higher-order）の、一般的な目的を満たすようなカテゴリーどうしの関係をいう。第4章「消費者の目標」で論じたように、消費者の目標は、より一般的、抽象的な上位のものからより具体的な下位のものまで、階層的に保持されているといわれる。目標が一般的、抽象的になるほど、その目標を達成するための手段となる製品またはサービスの数が増大する。例えば、「喜びを得る」といった一般的で抽象的な目標を達成する手段としての製品やサービスはきわめて多い。

「一般的な補完関係（complements-in-use）」は、相互に成長を促進するような補完関係をいう。例えば、PC とアプリケーション・ソフトウェア、テレビ受像機とテレビ番組のように、ハードウェアとソフトウェアとの関係がこれにあたる。この種の補完関係にあるカテゴリーの価値は、相手のカテゴリーがなければより限定的になる。また、これらは、航空機、宿泊、レンタカーなどが一体となったパッケージ旅行のように、互いに組み合わせられて、1つの製品またはサービスとして販売されることが多い。重要なことは、この種の補完関係は、消費者の目的に影響を受けて形成されることである。ハードウェアに低価格を設定し、それと補完関係にあるソフトウェアに高価格を設定することによって、顧客の獲得と継続的な利益の獲得を実現する価格設定の手法（Slywotzky and Morrison 1997）は、このような補完関係を基盤としているといえるであろう。

「機会的補完関係（occasional complements）」は、文字通り、何らかの機会において生じるような弱い影響関係である。例えば、書類カバンや車のトランクが、そこに入る他の製品の大きさや性質を反映しなければならないように、一緒に使用されるモノどうしが弱い影響を与え合うこと、同じ小売店舗内で販売されている商品どうしや、近くに陳列されている商品どうしが売上において相互に弱い影響を与え合うこと、などがこれに当たる（Shocker et al. 2004）。

② 動態的関係

動態的関係とは、時間の経過とともに推移する関係であり、市場参入タイミングによって規定される。動態的関係には、次の4種類がある。

「新製品による置換（product displacement）」は、「『新しく、かつ改良された』カテゴリーが旧来のものに優越し、最終的にそれを陳腐化させるような代替関係」をいう。例えば、フロッピー・ディスクに対する CD や DVD の関係などがこれに当てはまると考えられる。Shocker らは、このような関係が形成されるとき、既存カテゴリーのサブ・カテゴリーが生じるのではなく、新たなカテゴリーが生じることがある、と論じている。また、置換の速度と大きさは、新規のものが便益と費用において旧来のものに優越するか否かによって決定されるという。

「旧製品の生存（product perseverance）」は、新たなカテゴリーが旧来のものに置き換わることに失敗することをいう。かつて「レーザー・ディスク」が市場に導入されたが、ビデオ・カセット・テープに替わることなく、市場から消滅した事例は、これに適合するであろう。

「改良型補完関係（enhancing complement）」は、新規のカテゴリーがそれ自体新たな便益をともなうのではなく、既存のカテゴリーとともに使用されることによって、既存のカテゴリーの便益の向上をもたらし、その売上を増加させるような関係である。「モデム」がPCとネットワークとのインターフェイスを構成し、PCとネットワークというシステム全体の機能を向上させるように、製品間のインターフェイスが製品システムの機能の向上に貢献することがあるという（Shocker et al. 2004）。

「増大型補完関係（augmenting complement）」は、既存カテゴリーにない新しい便益をもった新規のカテゴリーが市場導入されたときに新旧カテゴリー間に生じる関係をいう。通常、増大型補完関係ではシナジーが発生し、既存カテゴリーが新カテゴリーの売上の増加に貢献する。したがって、両カテゴリー間の関係を強調することによって、新カテゴリーの売上の向上を期待することができる。例えば、電子メール（既存カテゴリー）はデジタル・カメラ（新カテゴリー）の増大型補完財になりうるという。なぜなら、デジタル・カメラで撮影した写真を電子メールで送ることができるからである（Shocker et al. 2004）。

③ 補完関係と代替関係

Shockerらは、補完関係、および代替関係はともに必ずしも安定的ではなく、補完関係が代替関係に、代替関係が補完関係にそれぞれ変化することがある、と論じている。

彼らは、補完関係から代替関係への変化の具体例として、MicrosoftのWindowsとNetscapeのNavigatorとの関係を挙げている。MicrosoftのWindowsとNetscapeのNavigatorは当初互いに補完関係にあったが、Windowsがウェブ・ブラウザ・ソフトウェアを内包すると、両者間の関係は代替関係に転化した。また、彼らは、携帯電話と固定電話との関係を例として取り上げ、次のように説明している。当初、携帯電話と固定電話は別の

目的に使用されるため、前者は後者の増大型補完財であった。しかし、現在では、携帯電話の通話料の低下、品質の向上、固定電話の設置に要する時間といった要因によって、携帯電話が固定電話に替わって家庭でも一般的に用いられるようになり、固定電話を代替しつつある。

一方、Shockerらは、代替関係から補完関係への変化について、テレビ放送と映画産業との関係を例にとり、次のように説明している。1950年代にアメリカでテレビが爆発的に普及すると、映画を映画館ではなく、家庭で見ることができるようになったため、テレビ放送が映画産業にとって大きな脅威となり、テレビ放送と映画との間には代替関係が形成された。しかしながら、現在では、映画スタジオがテレビ番組制作を行う、映画がテレビで放映される、といったように、映画産業とテレビ放送が相互に協力関係を形成

図5　カテゴリー間の関係についての見解の拡張

A. 静態的		
目的の水準	代替関係	補完関係
具体的	一般的な代替関係	一般的な補完関係
具体的でない	機会的代替関係	機会的補完関係
B. 動態的		
市場参入順位	代替関係	補完関係
新しいカテゴリーが既存のカテゴリーに影響を与える	新製品による置換 新規の提供物が既存の提供物に置き換わる。	改良型補完関係
既存のカテゴリーが新しいカテゴリーに影響を与える	旧製品の生存 既存の提供物が新規の提供物を撃退する。	増大型補完関係

C. 代替関係と補完関係との間の動態

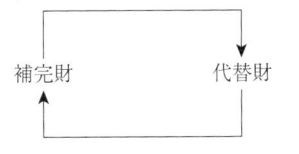

補完財　⇄　代替財

Shocker, A. D., B. L. Bayus, and N. Kim (2004), "Product Complements and Substitutes in the Real World: The Relevance of 'Other Products' *Journal of Marketing*, 68 (1), p. 32, FIGURE2. を修正。

し、補完関係にあるという。

3-3．カテゴリー間の関係に対する消費者の反応

消費者行動研究では、静態的か動態的かを問わず、補完関係が研究対象とされることは少なかった。したがって、補完関係に対する消費者の反応が今後の研究課題といえるであろう。

一方、代替関係についての研究は、消費者行動研究において活発に展開されてきたといえるであろう。一般に、静態的代替関係は、本章で論じた「目標導出カテゴリー」によって生じると理解することができる。静態的代替関係における一般的な代替関係、および機会的代替関係の相違は、目標の抽象度の違いによる。動態的代替関係は、市場参入順位が中核的な要因となる。したがって、市場参入順位と消費者の情報処理との関係を扱った研究の成果が、動態的代替関係についての知見を提供する。これについては、次章において詳述する。

4．むすび

本章の第1節、および第2節では、カテゴリー、類推、メタファーといった実体間の類似性や共通性を基盤とした相対的情報処理形式について考察した。いずれの情報処理形式も、消費者の情報処理過程そのものにおける目標のうち、特に重要であるといわれる「認知的努力の最小化」にかかわるものである。消費者による相対的情報処理を適切に生起するためには、「正確性の最大化」だけでなく、「認知的努力の最小化」を実現するように、これらの相対的情報処理を起動させることが必要である。特に、新規性の高い製品やサービス、あるいは消費者にとって多くの情報の取得が必要であるような製品やサービスについては、類推やメタファーを適切に起動させることによって情報処理を促進することが期待される。

第3節では、カテゴリー間の関係―代替関係と補完関係―について論じた。消費者行動研究では、静態的か動態的かを問わず、補完関係についての研究の蓄積が少ないため、補完関係に対する消費者の反応のあり方が、今後

の研究課題といえるであろう。静態的代替関係は、本章で論じた「目標導出カテゴリー」によって生じると理解することができる。一方、動態的代替関係に対する消費者の反応については、次章において詳述する。

1 「自然カテゴリー」とは、「野菜」、「家具」、「椅子」のように、人が日常的に用いるカテゴリーのことであり、これに対置される「人工物カテゴリー（artifact category）」とは実験などの目的で人工的に作成されるカテゴリーのことである（中島義明ほか編集『心理学辞典』有斐閣）。
2 類推過程についての説明は、鈴木（2002）に依拠している。
3 Holyoak and Thagard（1989, 1995）によって展開された多重制約理論の概要については、鈴木（2002）に依拠して論じる。鈴木（2002）によれば、制約とは「さまざまな可能性のなかからある程度まで妥当なものを選び出すための心的な傾向性、あるいは基準」のことである。
4 他の引用例として、武井（2007）がある。
5 消費者行動研究において、「目的（purpose）」と「目標（goal）」とはそれほど厳密な区別をもって使用されているわけではないため、ここでの「目的」は第4章「消費者の目標」で論じた消費や使用に関係する消費者の「目標」と同義と考えてよい。

第6章　新規性の諸相2
―差異―

　前章では、新旧の市場提供物間における類似性、共通性にもとづいた消費者の情報処理過程についての知見を概観したが、新旧提供物間の差異については言及しなかった。

　本章では、製品やサービスの新規性を新旧提供物間の差異と捉え、新規性＝差異の類型化を行い、差異の類型によって消費者の情報処理がどのように異なるかを考察する。特に、「構造整列理論」を用いて、「整列可能な差異」と「整列不可能な差異」に対する消費者の情報処理の相違を実験によって検証した。

　先行研究の成果や本章第2節における実験結果にもとづいて、新規の製品やサービスの開発、および市場導入時におけるコミュニケーションに対する実践的示唆について考察した。

1．類似性および共通性としての新規性

　第1章で述べたように、伝統的にマーケティングの研究領域において革新性の「質」に関係する理論や概念はそれほど多くなく、とりわけ消費者情報処理パラダイムに依拠して新規性に対する消費者の情報処理過程を直接的に説明するものはほとんど見られなかった。

　もっとも、従来から用いられてきたカテゴリー化に関する諸理論によって部分的にはその説明が可能であると考えられる。前章において概観したように、これらの理論は、新規の実体（新規に市場導入された製品やサービスなど）が消費者の頭のなかで既知のカテゴリーにどのように分類されるか、についての説明を提供する。カテゴリー化理論によれば、ある対象がカテゴリーのメンバーであるかどうかは対象間の「類似性（similarity）」や「共通性（commonality）」に基づいて規定される。カテゴリー化における「古典的見解

(classical view)」によれば、新規の製品やサービスがあるカテゴリーの「定義的特徴（defining features）」をもつか否かによって当該カテゴリーに含まれるか否かが決定される。「確率的見解（probabilistic view）」によれば、新規の実体がカテゴリーの「特性的特徴（characteristic features）」をどの程度保有するかによって、カテゴリーのメンバー「らしさ」が確率的に決定される。いずれの見解においても、カテゴリーを規定する要因はカテゴリー・メンバーの共通性であると考えられている。Murphy and Medin (1985) が提唱した「理論（theory）」にもとづくカテゴリー化によれば、製品やサービスのカテゴリーは共通の理論によって規定されるとされる。Barsalou (1991) の「目標（goal）」によるカテゴリー化においても、共通の「目標」によって製品やサービスのカテゴリー化が行われると仮定されている。

これらの見解にもとづけば、あるカテゴリーにおける新旧メンバー間の共通性が高ければ高いほど製品またはサービスの新規性が低く、逆に共通性が低いほど新規性が高いと解釈することもできる。このように、製品またはサービスの新規性の高低をカテゴリーにおけるメンバー間の共通性の高低に置き換えることによって、新規性に対する消費者の情報処理過程を説明することが可能である。

しかしながら、カテゴリー化理論は類似性や共通性のみに焦点を当て、新旧提供物間の差異（difference）については言及しない。一般に新旧の提供物の間には共通性に加え、差異も存在する。製品やサービスの市場導入によって新規のカテゴリーが形成される場合はいうまでもないが、新旧の製品やサービスが同一のカテゴリーに属する場合であっても、新規のものが旧来のものの完全な模倣であるとき以外、両者間には共通性だけでなく何らかの差異をともなう。また、このことは、新しい製品またはサービスの市場導入に際して「サブ・カテゴリー」が形成された場合についても同様である。サブ・カテゴリーの生成には、上位カテゴリーとの共通性と同時に差異の知覚も必要不可欠である。「ヘルシア緑茶」が「緑茶」という上位カテゴリーに含まれると同時に、「健康緑茶」という「サブ・カテゴリー」に属するとすれば、「ふつうの緑茶」と異なる何らかの差異を備えているはずである。したがって、われわれは、新旧提供物間の差異に対する消費者の情報処理のあ

り方についても言及する必要がある。

　そもそも消費者が新規の実体に直面し、旧来の実体との類似性や共通性の
みを情報処理の対象とすると仮定することはあまりにも不自然であり、本来
的に新旧実体間の差異についても情報処理を行うと考えるべきであろう。

　ところが、消費者行動研究を概観すれば、新旧提供物間の差異についての
議論、および差異についての消費者の情報処理に関する議論はきわめて少な
いのが現状である。この点において、われわれは製品やサービスの新規性、
革新性についていまだ十分な知見を獲得していないといえそうである。次節
では、最初に新規性―新旧提供物間の客観的差異―の類型化を行い、各類型
に対する消費者の情報処理過程の比較を試みる。

2．差異としての新規性

2-1．新規性の類型

　前節で述べたように、マーケティング研究においては新提供物間における
差異についての議論そのものが少ない。しかしながら、必ずしも明示的では
ないものの、本章の主題に関連する言説もいくつか見られる。

　Moon（2005）は、成熟期や衰退期にある製品やサービスを成長期に移行
させるための3つの手法を提唱している。これらのうちの1つが、既存の製
品またはサービスが保持していた属性を削減するという方法である[1]。

　Kim and Mobaurgne（2005）は、市場における競争を回避する方法として
「付け加える」、「増やす」、「取り除く」、「減らす」の4つを提起している。
「付け加える」は、既存の製品またはサービスに付与されていなかった新規
属性の追加を意味すると理解することができる。以下、「増やす」は既存の
ものに付与されていた既存属性が提供する便益の水準を向上させること、
「取り除く」は既存のものに付与されていた既存属性を削減すること、「減ら
す」は既存のものに付与されていた既存属性が提供する便益の水準を低下さ
せること、とそれぞれ換言できるであろう。

　既述のように、新規性の内容についての研究成果が少ないため、本章で
は、Moon、およびKimらの主張を手がかりとして、新規性を

・新規の属性の追加による差異
・既存属性の便益増大による差異
・既存属性の削減による差異
・既存属性の便益低減による差異

の4種類に類型化する。次項では、新規性の諸類型に対する消費者の情報処理過程を比較する。特に、新規性、すなわち差異の類型と消費者の選好との関係について論じる。

2-2. 新規属性の追加および既存属性の便益増大による差異1
―構造整列理論の概要―

近年、A. Markman を中心とした研究者らが「構造整列理論（structural alignment theory）」を心理学からマーケティング研究に援用し、製品またはサービスどうしの差異に対する消費者の反応についての理論的枠組を提示している。同理論は、実体間の「比較」の情報処理過程を説明する理論である。それによれば、一般に、複数の実体間の比較が行われる際、実体間の整列（alignment）（各対象がもつ要素間の対応づけ）が行われ、「共通性（commonality）」、と「差異（difference）」が認識される。差異には、「整列可能な差異（alignable difference）」、「整列不可能な差異（nonalignable difference）」の2種類がある。前者の整列可能な差異とは、共通の属性次元における差異であり、相互に対応付けが可能なものをいう。後者の整列不可能な差異とは、異なる属性次元における差異であり、相互に対応付けが不可能なものをさす（図1）。前節で述べたとおり、カテゴリー化理論では、主として実体間の共通性に焦点が当てられている。Tversky (1977) の「対比モデル（contrast model）」では、共通性と差異との区別がなされた。構造整列理論は対象間の差異の種類をも考慮に入れているというところに特徴がある。

近年では、マーケティング分野においても構造整列理論を導入した研究が見られるようになった。Zhang and Markman (1998) は、ブランド間の整列可能な差異と整列不可能な差異とでは一般に前者のほうが顕著であり、比較の際に整列可能な差異に対する重みづけが増大することを実験によって明らかにし、後発ブランドは整列可能な差異において差別化するほうが望まし

図1　構造整列理論についての模式図

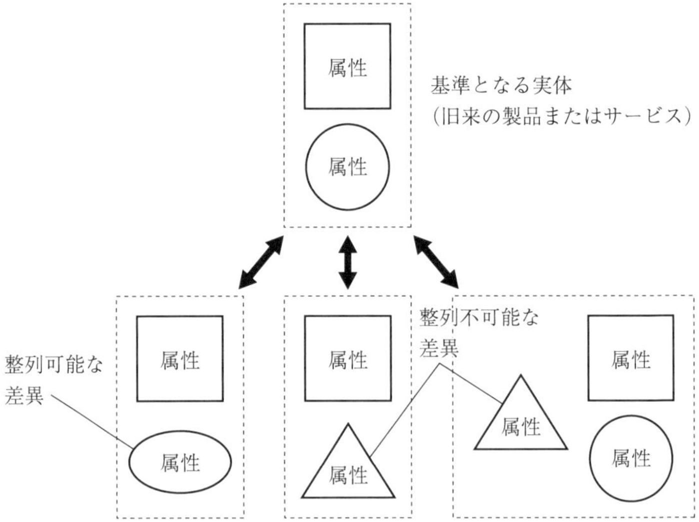

基準となる実体
(旧来の製品またはサービス)

整列可能な差異

整列不可能な差異

比較の対象となる実体（新規の製品またはサービス）

いと論じている。また、秋本・韓 (2008) は、先発ブランドについての消費者の経験や学習がないとき、差異の形式によって選好がどのように変化するかを実験によって検証した。次項では、その内容について詳しく述べる。

2-3．新規属性の追加および既存属性の便益増大による差異2
―市場参入タイミングと消費者の選好―
① 市場参入タイミング

先制戦略によってある市場へ先発参入し、早期に市場リーダーの地位を確立することは、もっとも効果的な競争戦略の1つである（Day 2000 ; Liberman and Montgomery 1988 ; Urban et al. 1987）。先発優位性の要因としては、希少資源や魅力的な市場ポジションの先取り、経験効果、消費者にとってのスイッチング・コスト、先発ブランドに対する消費者の非対称的選好、消費者の「心の中」の参入障壁、流通業者の先発ブランドに対する好意的態度、などが挙げられている（Alpert et al. 1992 ; Carpenter and Nakamoto 1989 ; Kerin et al. 1992 ; Liberman and Montgomery 1988 ; 恩蔵 1995 ; Porter 1985）。

先発企業は、効果的な先制戦略によって先発優位性を享受する機会を有しているが、未知市場の開拓における様々な不確実性を克服しなければならない。先制戦略による先発優位性の構築は強力である半面、もっとも実行が困難な戦略の1つかもしれない (Day 2000 ; Urban et al. 1987)。それに対して、後発企業は先行企業の業績や市場の動向を見極めたうえで、市場の不確実性が解消されてから、効果的な戦略を実行し、競争優位を構築することが可能となる。後発優位の要因としては、ただ乗り効果、先発企業の失敗からの学習、顧客ニーズや技術の変化に対する対応の容易さなどが挙げられている (Kerin et al. 1992 ; Liberman and Montgomery 1988 ; Porter 1985)。

市場参入タイミングと競争優位性との関係を、消費者の認知の視点から捉える研究も見られる (Alpert and Kamins 1995 ; Carpenter and Nakamoto 1989 ; Kardes and Kalyanaram 1992 ; Kardes et al. 1993 ; Rettie et al. 2002 ; Zhang and Markman 1998)。しかしながら、これらの研究に共通して見られる前提は、消費者が先発ブランドについて購買、消費または使用の経験をもち、当該カテゴリーや先発ブランドについての学習を既に行っているということである。

② 仮説

上記のように、市場参入タイミングと消費者の選好との関係を扱ったほとんどの研究では、消費者が先発ブランドについての購買などの経験をもち、当該カテゴリーや先発ブランドについての学習を行っていることを議論の前提としている。

しかしながら、現実には、あるカテゴリーの購買場面において、必ずしも消費者が過去に経験や学習をともなっているとは限らない。既に初期購買の段階で先発ブランドと後発ブランドとが併存しているようなこともけっして珍しくないと思われる。一方、カテゴリーにおける購買経験が乏しい消費者であっても、さまざまなプロモーション手段（たとえば、マス広告や店頭でのプロモーション、販売員などの人的情報源など）やその他の情報源（クチコミなど）から参入タイミング情報（どのブランドが先発ブランドで、どのブランドが後発ブランドかについての情報）を獲得することも考えられる。このように、①初期購買の段階で既に先発ブランドと後発ブランドとが並存しており、消費者が先発ブラ

図2 既存研究と本研究の位置づけ

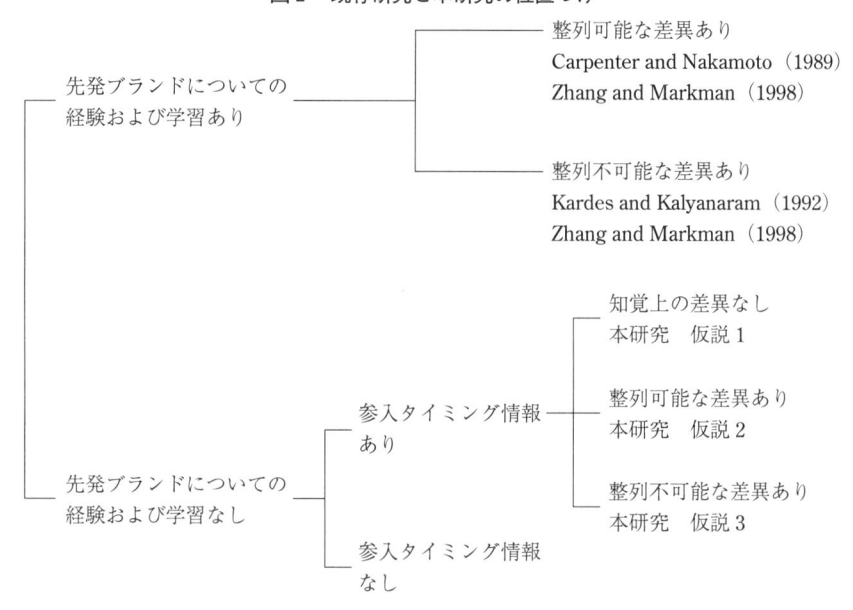

- 先発ブランドについての経験および学習あり
  - 整列可能な差異あり
    Carpenter and Nakamoto（1989）
    Zhang and Markman（1998）
  - 整列不可能な差異あり
    Kardes and Kalyanaram（1992）
    Zhang and Markman（1998）
- 先発ブランドについての経験および学習なし
  - 参入タイミング情報あり
    - 知覚上の差異なし
      本研究　仮説1
    - 整列可能な差異あり
      本研究　仮説2
    - 整列不可能な差異あり
      本研究　仮説3
  - 参入タイミング情報なし

ンドについての経験や学習をともなっていない、②消費者がブランドの参入タイミング情報を与えられている、という状況において、参入タイミングに関する情報が消費者の選好にどのような影響を与えるかについて検証した研究は少ない。そこで、本研究では、あるカテゴリーの初期購買において参入タイミングに関する情報が消費者の選好にどのような影響を与えるか、またその影響は差異の種類によってどのように変化するかを検証する（図2参照）。

なお、現実にはさまざまな要因が選好形成に影響を与えると考えられるが、本研究では、上記の研究目的に照らし、参入タイミング情報および差異の種類以外の要因の交絡を防ぐために、他の条件をすべて一定として操作化を行う。

先発ブランドと後発ブランドとの間に属性間の差異がない場合、参入タイミングについての情報のみが手がかりとして利用可能である。Carpenter and Nakamoto（1989）は、先発ブランドとの差別化の程度がきわめて低い後発ブランド（「ミー・トゥー・ブランド」）に対する選好は、先発ブランドより

も低くなることを明らかにしている。また、先発ブランドにおけるオリジナリティなどに対する評価によって、先発ブランドの選好度が高くなるものと予想される（Alpert and Kamins 1995 ; Niedrich and Swain 2003）。

そこで、次のような仮説を導出する。

仮説１：先発ブランドと後発ブランドとの属性間の差異がないとき、先発ブランドに対する選好が高くなる。

先発ブランドと後発ブランドとの間に差異が知覚され、かつどちらかのブランドがパフォーマンスにおいて明らかに優越する場合、そのブランドに対する選好が高くなることは明らかであろう。先発ブランドについての経験や学習をともなった消費者は、パフォーマンスの優劣に関する情報を既に獲得している可能性が高いため、それにもとづいて選好を形成することが可能である。一方、先発ブランドについての経験や学習をともなわない消費者にとって、パフォーマンスの優劣を判断する手がかりは相対的に乏しい。しかしながら、消費者は、実際に獲得可能な情報を超えて推論を行っており、こういった推論が判断に影響をおよぼすことがある（Kardes et al. 2004）。すなわち、パフォーマンスについて判断を行うための直接的な手がかりをもたない消費者は、与えられた手がかりをもとにして、各ブランドのパフォーマンスについての推論を行い、その結果にもとづいて選好を形成するものと予想される。差異についての情報と参入タイミング情報のみを手がかりとしてもつ消費者は、おそらく、後発ブランドに対して何らかの改良が施され、後発ブランドのパフォーマンスが先発ブランドよりも向上していることを期待すると考えられる。

ただし、後発ブランドに対する選好は、後発ブランドに整列不可能な差異が付与された場合よりも整列可能な差異がある場合においてより高くなると予想される。Markman and Moreau（2001）は、いくつかの代替案の選択場面において整列不可能な差異よりも整列可能な差異が重視される理由の１つとして、次の点を挙げている。すなわち、整列可能な差異は同じ次元で比較可能であるため、整列可能な差異をもつ選択肢の評価を行うとき、各選択肢

が同一の次元について相対的にどちらが優れているかを判断するだけでよい。一方、整列不可能な差異をもつ選択肢を評価する場合、各選択肢の絶対的な価値によって判断しなければならない。つまり、同一の尺度によって評価することができないため、比較がより困難なのである。Markman らの所説に依拠すれば、整列可能な差異を付与された後発ブランドのほうが整列不可能な差異をもつ後発ブランドよりも先発ブランドとの差異が強調され、パフォーマンスの向上がより強く期待されるために選好が高まる、と予想される。そこで、以下の2つの仮説を導出する。

仮説2：先発ブランドと後発ブランドとの間に相互に優越しない整列可能な差異があるとき、後発ブランドに対する選好が高まる。

仮説3：先発ブランドと後発ブランドとの間に相互に優越しない整列不可能な差異があるとき、後発ブランドに対する選好が高まる。

次項の③では、これらの仮説を検証するために行った実験の概要と分析結果について論述する。

③　実験

【実験1】

　概　要　　最初に、仮説1を検証するため、福岡市内の大学の学部学生91名を対象として、実験1を行った。

　素材としては、架空の健康飲料を使用した。健康飲料は、被験者である大学生にとってあまりなじみのない製品カテゴリーであり、素材に対するバイアスがそれほど大きくないことが期待されるからである。先発ブランド、後発ブランドともに、「Lactoferrin」、「ブルーベリー・エキス」、「ビタミンC」の3種類の成分を属性として設定した。

　実験は被験者全員に対して同一の調査票を使用して行った。調査票では、最初に先発ブランドを提示し、「免疫力を強化し、各種疾病を予防する新しい健康飲料として、A社から発売」されたこと、および「同種の飲料としては最初に発売された」ことを明記した。また、先発ブランドがもつ3つの

属性の一覧を提示し、「Lactoferrin」については、免疫力を強化する効果が立証されている旨の注釈を設けた。次に、後発ブランドを提示し、先発ブランドの発売から「1ヶ月経過してB社から発売され」たこと、および「A社の飲料と同様、免疫力を強化し、各種疾病を予防する健康飲料」であることを明記した。先発ブランドの場合と同様に、後発ブランドがもつ3つの属性の一覧を提示し、「Lactoferrin」については、免疫力を強化する効果が立証されている旨の注釈を設けた。被験者に、これらすべての記述を熟読するように求めた。

最後に、「あなたは、これからどちらかの飲料を購入するとします。どちらの飲料を選びたいと思いますか。」という質問を設け、先発ブランドおよび後発ブランドに対する選好をそれぞれ100点満点で表現するよう求めた。このとき、先発ブランドおよび後発ブランドの点数の合計が100点になるように指示した。

結　果　　分析用のソフトウェアには、SPSS14.0J for Windowsを使用した。先発ブランドの得点の平均値は$m=52.7$、後発ブランドの得点の平均値は$m=47.3$となり、前者のほうがやや上回った（表1参照）。t検定の結果、緩やかではあるが、先発ブランドに対する選好に有意傾向がみられた（$t=1.734, p=.086<0.1$）。本実験の結果から、仮説1は暫定的に支持された。すなわち、消費者が参入タイミング情報を与えられ、両ブランド間の差異を知覚できないとき、先発ブランドに対する選好が高まる可能性が示唆された。

【実験2】

概　要　　つづいて、仮説2の検証のため、実験2を実施した。被験者は、福岡市内の大学の学部学生88名であり、実験1で対象とした被験者とは重複していない。

実験2においても、素材として架空の健康飲料を使用した。本実験では、次のように、2種類の条件を用意した。条件1では、先発ブランドがもつ属性として「Lactoferrin」、「ブルーベリー・エキス」、「ビタミンC」を、後発ブランドに含まれる属性として「Transfer Factor E-XF™」、「ブルーベリー・エキス」、「ビタミンC」をそれぞれ設定した。条件2では、先発ブラ

ンドの属性として「Transfer Factor E-XF™」、「ブルーベリー・エキス」、「ビタミンC」を、後発ブランドの属性として「Lactoferrin」、「ブルーベリー・エキス」、「ビタミンC」をそれぞれ設定した。「Transfer Factor E-XF™」は、「Lactoferrin」と同様、免疫力を強化する効果が立証された成分である。両者は、異なる物質ではあるものの、「免疫力強化の効果がある」という同一の次元において比較可能な差異であるから、ブランド間の整列可能な差異を構成するものである。差異を構成する属性については、判断の際に重要な手がかりとなるため、「Lactoferrin」や「Transfer Factor E-XF™」のように、被験者である学生にとってなじみのないと思われる成分を使用した。両ブランドのパフォーマンスについては言及しなかった。

実験2の手続きは、次のとおりである。最初に、被験者を無作為配分によって44名ずつの2つの群に分割し、一方の群には条件1を、もう一方の群には条件2を適用した。条件1の群に対して先発ブランドとその属性を提示し、「免疫力を強化し、各種疾病を予防する新しい健康飲料として、A社から発売」されたこと、および「同種の飲料としては最初に発売された」ことを明記した。次に、後発ブランドとその属性を提示し、先発ブランドの発売から「1ヶ月経過してB社から発売され」たこと、および「A社の飲料と同様、免疫力を強化し、各種疾病を予防する健康飲料」であることを明記した。条件2の群にも同様の手続きを行った。「Lactoferrin」と「Transfer Factor E-XF™」については、免疫力を強化する効果が立証されている旨の注釈を付与した。

その後、実験1と同様の質問を設け、先発ブランドおよび後発ブランドに対する選好をそれぞれ100点満点で表現するよう求めた。今回も、先発ブランドおよび後発ブランドの点数の合計が100点になるように指示した。

結　果　実験1と同様、分析用のソフトウェアには、SPSS14.0J for Windowsを使用した。

まず、条件1を適用した群では、先発ブランドの得点の平均値は$m=43.93$、後発ブランドの得点の平均値は、$m=56.07$となり、後者が前者を上回った（表1参照）。t検定を行った結果、後発ブランドに対する選好が有意であることが確認された（$t(43)=2.848, p=0.0067<0.01$）。

条件2を適用した群においては、先発ブランドの得点の平均値は $m=40.86$、後発ブランドの得点の平均値は $m=59.14$ となり、条件1と同様に後発ブランドのほうが高くなった。条件1と同様に、t 検定を行った結果、後発ブランドに対する選好が有意であることが確認された（$t(43)=3.994, p=0.00025<0.001$）。

以上のように、両条件において後発ブランドに対する選好が先発ブランドの選好を上回った。本研究の結果から、仮説2が支持された。すなわち、消費者が先発ブランドと後発ブランドとの間の整列可能な差異を知覚しているものの、両者のパフォーマンスの優劣を知覚することができないとき、後発ブランドに対する選好が高くなることが確認された。

【実験3】

　概　要　　仮説3を検証するため、実験3を実施した。素材として、上記2つの実験と同様、健康飲料を採用した。実験3では、素材の属性を決定するため、本実験を実施するに先立ち、プリテストを行った。プリテストは、函館市内の大学の学部学生42名を対象とした。被験者に10種類の属性を提示し、健康飲料の購買を検討する際に重要であると思われる程度をそれぞれの属性に対して10点満点で表すよう指示した。その結果、「Lactoferrin」と「キトサン」の平均値がそれぞれ $m=6.5$、$m=6.45$、平均値の差が0.05となり、他のいずれの属性間の差よりも小さいため、これら2つの属性を本実験で採用することにした。先発ブランドには「Lactoferrin」、「ブルーベリー・エキス」、「ビタミンC」の3種類の成分を、後発ブランドには「キトサン」、「ブルーベリー・エキス」、「ビタミンC」の3種類の成分を属性として設定した。「キトサン」は後発ブランドにおける整列不可能な差異を構成する属性である。

　実験3（本調査）は、函館市内の大学の学部学生52名に対して行った。被験者全員に対して同一の調査票を使用して行った。調査票では、最初に先発ブランドを提示し、「免疫力を強化し、各種疾病を予防する新しい健康飲料として、A社から発売」されたこと、および「同種の飲料としては最初に発売された」ことを明記した。また、先発ブランドがもつ3つの属性の一覧

表1　実験結果の要約

		実験1	実験2 条件1	実験2 条件2	実験3
先発ブランド	平均値	52.7	43.9**	40.9**	51.1
	標準偏差	15.1	14.1	15.2	13.8
後発ブランド	平均値	47.3	56.1**	59.1**	48.9
	標準偏差	15.1	14.1	15.2	13.8

$**p<0.01$

を提示し、「Lactoferrin」については、免疫力を強化する効果が立証されている旨の注釈を設けた。次に、後発ブランドを提示し、先発ブランドの発売から「1ヶ月経過してB社から発売され」たこと、および「A社の飲料と同様、免疫力を強化し、各種疾病を予防する健康飲料」であることを明記した。先発ブランドの場合と同様に、後発ブランドがもつ3つの属性の一覧を提示し、「キトサン」については、コレステロールを低下させる効果が立証されている旨の注釈を設けた。被験者に、これらすべての記述を熟読するように求めた。最後に、実験1および実験2と同様に、選好に関する質問を行い、先発ブランドおよび後発ブランドに対する選好をそれぞれ100点満点で表現するよう求めた。また、先発ブランドおよび後発ブランドの点数の合計が100点になるように指示した。

結　果　分析用のソフトウェアには、SPSS14.0J for Windowsを使用した。先発ブランドの得点の平均値は$m=51.1$、後発ブランドの得点の平均値は$m=48.9$となり、前者のほうがやや上回ったが（表1参照）、t検定の結果、両ブランドに対する選好に有意差はみられなかった（$t=2.01, p=0.58>0.1$）。本実験の結果から、仮説3は支持されなかった。すなわち、消費者が参入タイミング情報を与えられ、後発ブランドに整列不可能な差異が付与されたとき、両ブランドに対する選好に有意な差が生じないことが示唆された。

④　実験結果の考察

③の実験では、先発ブランドと後発ブランドとの属性間の差異が知覚されないとき、先発ブランドに対する選好が高まる傾向がみられた。また、たとえブランド間に優劣が見出されなくても、整列可能な差異が知覚されること

によって、後発優位の傾向が強く出現することが明らかになった。一方、同じくブランド間の優劣が見出されない際に、整列不可能な差異が知覚された場合には、そもそも後発ブランドに対する優位性は確認されなかった。

　既述のように、Markman and Moreau（2001）は、選択場面において整列不可能な差異よりも整列可能な差異が重視される理由として、整列可能な差異をもつ選択肢の評価の場合、選択肢間の同一次元における・相・対・的・な・優劣の判断だけでよいのに対し、整列不可能な差異をもつ選択肢の評価においては、各選択肢の・絶・対・的・な・価値による判断が必要になることを挙げている。実験2の条件1の群では後発ブランドに「Transfer Factor E-XF™」が、条件2の群では「Lactoferrin」がそれぞれ整列可能な差異として後発ブランドに付与された。これらは、「免疫力強化の効果がある」という同一の次元について相対的にどちらが優越するかを判断するだけでよい。これに対して、実験3において先発ブランドに付与された「Lactoferrin」は後発ブランドに対応する属性がなく、後発ブランドに付与された「キトサン」は先発ブランドに対応する属性がないため、被験者はこれらの属性の絶対的な価値によって各ブランドの優劣を判断するしかなく、比較がより困難になったと考えられる。

　ただし、実験2および実験3のいずれの場合にも、被験者はパフォーマンスについて未知の状態であるため、パフォーマンスの優劣を判断するための推論を行っていると考えられる。第3章で詳述したように、Kardes, Posavac, and Cronley（2004）によれば、消費者が新規の製品やサービスについて完全な情報を保持していることはほとんどなく、消費者はしばしば与えられた情報を超えて推論を行うという。彼らは、推論過程（帰納推論か演繹推論か）、推論のベース（刺激ベースか記憶ベースか）、推論の文脈（単一対象についての推論か複数対象についての比較推論か）という3つの次元に沿って8種類の推論形式を示した。実験2では参入タイミング情報と差異の形式の2つが推論の手がかりとなっているが、ブランド間の差異は「免疫力強化の効果」という共通の次元において比較可能な差異であることから、被験者は「免疫力強化という効果が改良されている」という推論を行ったと思われる。Kardesらの分類にしたがえば、この推論は「複数対象の比較にもとづく刺激ベース

の帰納推論」であったと考えられる。これに対し、実験3においても参入タイミング情報と差異の形式が手がかりとなっているが、両ブランド間の差異はまったく異なる属性次元による整列不可能な差異であるため、被験者にとってパフォーマンスについての推論がより困難であったと思われる。

先発ブランドによる競争優位の構築　本研究における実験結果の解釈と既存研究の成果から、先発優位性の成立条件と先発ブランドが持続的競争優位を構築するための指針について整理する。

Carpenter and Nakamoto (1989) や Zhang and Markman (1998) は、先発ブランドが発売されてから2番手の後発ブランドが導入するまでのパイオニア・リードタイムにおける先発ブランドについての消費者の経験と学習を前提として、参入タイミングと選好との関係を論じた。つまり、これらの研究は、参入順位が直接的に選好に影響を与えるのではなく、先発ブランドについての経験や学習を媒介して選好が変化する現象を捉えている。

これに対して、本研究では、参入タイミング情報が選好に直接的に影響するか否かを検証した。本研究の実験1および実験2において、先発ブランドと後発ブランドとの間に知覚上の差異がないとき、先発ブランドに対する選好に緩やかな有意傾向が見られたにもかかわらず、後発ブランドに対して整列可能な差異が付加されれば後発ブランドに対して強い選好が出現したことから、先発ブランドに対する選好は「先発ブランドである」という理由によって高まる可能性があるものの、それのみによって圧倒的な優位性が保証されるわけではないことがうかがえる。したがって、先発ブランドがより強固で持続的な優位性を構築するためには、先行研究で明らかにされてきたように、パイオニア・リードタイムを最大限活用するべきであるということが、あらためて確認されたといえる。いうまでもなくパイオニア・リードタイムは先発企業にとって統制不可能であるが、この期間に可能な限り、来るべき後発ブランドの参入に備えなければならない。パイオニア・リードタイムの期間は、当該市場は先発ブランドしか存在しない独占市場の状況になる。そして、それが長くなればなるほど、先発ブランドが競争優位性を構築するチャンスが拡大する。

Brown and Lattin (1994) や Huff and Robinson (1994) は、パイオニア・リードタイムが長くなるほど先発優位の傾向が強くなることを実証研究によって示している。パイオニア・リードタイムによって先発優位がもたらされる理由として、カテゴリーと先発ブランドとの強い連想の形成、先発および後発ブランドについての消費者による学習の非対称性、単純露出効果によるブランド選好の増大などが挙げられる (Carpenter and Nakamoto 1989; Kardes and Kalyanaram 1992; 新倉 2005)。Carpenter and Nakamoto (1989) は、先発ブランドに対する消費者の非対称的選好を強調し、製品カテゴリーにおける先発ブランドの優位性を論じているが、実際の製品市場における消費者学習による非対称的選好は、先発ブランドが適切なポジショニングや優れた品質を有することが前提条件となる。すなわち、先発製品のポジショニングが不適切であったり、品質が不十分である場合には、より優れたポジショニングや品質を有する後発企業へ競争優位性を享受するチャンスを与えてしまうことになる。

もし、先発ブランドがパイオニア・リードタイムにおいて優位性を構築できなければ、後発ブランドが整列可能な差異を付加することによって、パフォーマンスにそれほど違いが見出せなくとも選好を高めてしまい、先発ブランドが持続的な優位性を確保する可能性は低くなってしまう。もっとも、先発ブランドが後発ブランドよりもパフォーマンスにおいて明らかに優越している場合には、先発ブランドの競争優位は維持されるであろう。

後発ブランドによる競争優位の構築 本項では、後発ブランドが先発ブランドから競争優位を勝ち取るための条件と指針について検討する。

前項の議論を敷衍すれば、後発ブランドにとって最も重要なことの1つはパイオニア・リードタイムを最小限にとどめること、つまり、可能な限り早期に市場参入を果たすことである。パイオニア・リードタイムの短縮化が後発ブランドにもたらすメリットは、まさに前項で述べた先発ブランドがパイオニア・リードタイムから享受するメリットを無効にすることである。

消費者の認知という観点から述べれば、パイオニア・リードタイムの短縮

化は、消費者による先発ブランドについての経験と学習の機会を減少させることを意味する。もし、経験と学習の機会を与えないことに成功すれば、後発ブランドは大きなチャンスを獲得することになる。実験2の結果から明らかなように、整列可能な差異を設け、これを強調するようなコミュニケーションを行うことによって、後発ブランドに対する選好を高めることができる。しかしながら、整列不可能な差異のみを付与する場合には、実験3の結果から明らかなように、選好を増大させることが難しい。そこで、当該後発ブランドを先発ブランドの比較対象として知覚されないような手段を講じるという方法も考えうる。例えば、新規に別のカテゴリーを形成し、当該ブランドをそのカテゴリーに属するメンバーとして位置づけることによって、先発ブランドとの比較対象として知覚させないことも可能であろう。この場合は、むしろ新規のカテゴリーにおける先発ブランドとして位置づけることも有効な手段の1つと考えられる。ただし、後発ブランドに付与された整列不可能な差異が、消費者にとって相当に顕著な絶対的価値をもつとき、後発ブランドの選好が高まることもあろう。

　後発ブランドの市場導入後、消費者が後発ブランドについての経験を蓄積し、学習を行えば、先発ブランドの優位性はさらに低下する。Alba and Chattopadhyay（1985）は、あるカテゴリーにおける消費者の購買経験が少ない時期ではドミナント・ブランドに対する選好が高くなるが、購買経験の蓄積とともに後発ブランドに対する知覚リスクが低減し、多様性追求行動が増加することを明らかにしている。また、Heilman et al.（2000）は、紙おむつ市場を対象とした実証研究を行い、当該市場における消費者の購買経験の蓄積に伴って、後発ブランドに対する知覚リスクが減少し、ブランド・スイッチングが増加することを明らかにしている。一方、Hoeffler et al.（2006）は、市場の初期の段階における先発ブランドに対する消費者の満足度が、その後の情報探索やブランド選好の形成へ大きな影響を与えることを実験結果に基づいて示している。したがって、市場の進化、消費者の購買経験と学習に伴うブランド選好の変化を的確に把握し、適切なポジショニングや差別化によって競争優位性を獲得することが、後発企業にとって重要な戦略課題といえる。

⑤ 結論―理論的示唆および実践的示唆―

本実証研究の理論的貢献は、①初期購買の段階で既に先発ブランドと後発ブランドとが並存しており、消費者が先発ブランドについての経験や学習をともなっていない、②消費者がブランドの参入タイミング情報を与えられている、という状況において、参入タイミング情報がブランドの選好に影響を与えること、および差異の形式によってその影響が変化することを明らかにしたことである。

本研究は次のような理論的示唆を提起した。上記2つの条件において、ブランド間に知覚上の差異がないとき、先発ブランドに対する選好がやや高まる傾向が見られた。次に、同様の条件下で後発ブランドに整列可能な差異が付与されたとき後発ブランドに対する選好が高くなるが、整列不可能な差異が付与されたときには先発ブランドと後発ブランドとの間で選好に有意な差が生じないことが明らかになった。また、ブランド間のパフォーマンスの優劣についての情報が乏しい場合でも、消費者は推論によって判断を行い、選好を形成することが示唆された。

本研究の結果と既存研究の成果から、先発企業および後発企業がそれぞれ競争優位を獲得するための指針は、次のように整理することができる。

先発ブランドは、「先発ブランドである」という情報によって選好が高まる可能性がある。しかしながら、先発ブランドが持続的競争優位を構築するには、先行研究が明らかにしてきたように、パイオニア・リードタイムを最大限に活用することが重要である。消費者の認知という視点から述べれば、パイオニア・リードタイムにおいて先発ブランドについての消費者の経験と学習を実現することが求められる。また、このほかにも、適切なポジショニングと優れた品質が先発ブランドにとって重要である。

一方、後発ブランドが競争優位を獲得する条件は、次のように整理することができる。最も重要な条件の1つは、可能な限り早期に市場への参入を果たし、パイオニア・リードタイムをできる限り短くとどめることである。そして、もし消費者による先発ブランドについての経験や学習がない時点で後発ブランドの導入が実現されれば、整列可能な差異を付加し、これを強調するようなコミュニケーションを行うことが有効であろう。整列不可能な差異

を付加する場合には、先発ブランドとの比較対象として消費者に知覚させるのではなく、新規のカテゴリーを形成して別のカテゴリーにおける先発ブランドとしてコミュニケーションを行うことが望ましい。

以上をまとめれば、先発企業および後発企業のいずれにとっても、参入タイミングとブランド間の差異を内容とする市場のダイナミクスを理解し、それに対して効果的に対応するべくマーケティング戦略を策定することが重要である。

Carpenter and Nakamoto (1989) や Kardes and Kalyanaram (1992) もブランド間の差異とそれに対する消費者の認知に焦点を当てているが、Carpenter らは整列可能な差異のみを、Kardes らは整列不可能な差異のみをそれぞれ扱っている。一方、Zhang and Markman (1998) および秋本・韓 (2008) の研究結果は、差異の形式の違いによって消費者のブランド選好が異なる可能性があることを示しており、この点に大きな特徴がある。また、Carpenter and Nakamoto (1989) や Zhang and Markman (1998) は先発ブランドに対する消費者の経験や学習がある場合におけるブランド選好を扱っているが、秋本・韓 (2008) はそれらがない場合を想定している点において独自性がある。

構造整列理論における整列不可能な差異は新規属性の追加による差異、整列可能な差異は既存属性が提供する便益の増大による差異にそれぞれ対応する。上記の研究成果から、他の条件を一定とすれば、新規に属性が追加された製品やサービスよりも、既存属性の便益の水準を向上させたもののほうが消費者に受容される可能性が高いといえる。

2-4．今後の研究の方向性
① 既存属性の削減および既存属性の便益低減による差異

製品やサービスの新規性は、新規属性の追加や既存属性の便益増大のみによってもたらされるわけではない。旧来の製品やサービスに典型的に付与されていた既存属性を削除することや、典型的な既存属性が提供していた便益の水準を低下させることによっても新規性が生じる。

近年、カテゴリーにおいて典型的であった既存属性を削減した製品やサー

ビスが市場導入される現象が多く見られる。例えば、従来のノートパソコンがもつ多くの属性を削減した文字データの入力専用機「ポメラ」が注目を集めた[2]。文具メーカーの株式会社キングジムが2008年に発売したポメラは、会議などでメモを取ることを想定した文字データの入力専用機である。ポメラではインターネットや電子メールなどの通信機能が削減され、ディスプレイがモノクロになるなど、既存属性の削減や便益の低減によって従来のノートパソコンとの差異が形成された。その一方で、メモを入力する機能の向上、電源を入れてから使用可能になるまでの時間の短縮などのように、既存の便益を向上させることによってもノートパソコンとの差異が設けられた。また、入力した文章を電子データとしてパソコンに転送できるため、使いやすさという点において手書きのメモ帳との差異を見出すことができる。さらに、最近では、従来までは標準的に付与されていた属性を排除した簡素な携帯電話が幅広い層の消費者に受容されているという。前出のMoonによれば、「IKEA」は、店内に販売員がいない、商品の種類が限定されている、配送サービスがない、といったように、旧来の家具店が一般的にもつ属性を削減する一方、「軽快でモダンな雰囲気」、託児室、カフェといった新たな属性を提供している。「Jetblue」は機内食、往復運賃制度、ファースト・クラスなど航空会社の一般的なサービスを削減し、代わりに革製シートの設置、価格の引き下げといった新しいサービスを実現したという。さらに、「Commerce Bank」は利息を業界内で最低の水準に引下げ、他社に比べて商品数を少なくするかわりに、年中無休、夜間営業、コーヒーや新聞の無料サービスといったように、新たな属性の追加や便益の増大を行ったという。

　マーケティング研究において、既存属性の削減や便益の低減による差異に言及したものもいくつか見られる。嶋口（1994）は、製品やサービスにおける「本質」にかかわる属性と「表層」にかかわる属性とを識別し、より長期的な視座から「表層」的属性を少数に絞り込みつつ「本質」的属性における革新を行う努力の必要性を指摘している。池尾（1999）は、品質を維持または向上させると同時に費用の削減、価格の引き下げを実現する方法として「製品の性能、機能、品質あるいは付随サービスなどのうち過剰部分を切り詰める」ことが有効であると論じている。

一方、この種類の差異に対する消費者の情報処理のあり方を解明しようとする研究はほとんど見られない。

　しかしながら、消費者行動研究におけるいくつかの知見によれば、こういった差異に対する消費者の選好が属性の追加による差異に対する選好よりも高くなる可能性を指摘することができる。第3章で詳述したように、J. R. Bettmanらによれば、消費者は情報処理過程において「認知的努力 (cognitive effort)」の最小化という目標をもつという。既存属性の削減および便益低減による差異に対する情報処理過程では、新たな知識や技能の獲得の必要がなく、またこれらの差異が構造整列理論における整列可能な差異―同一属性次元における差異―に対応するため、差異に対する情報取得や評価が相対的に容易であるといえる。つまり、この種の情報処理はそれほど認知的努力を必要としないため、情報処理対象に対する選好が向上する、と考えることができる。

　ただし、上記の見解は現在のところ仮説にとどまっており、客観的な検証が必要である。

②　消費者が享受する便益と負担するべき費用による差異

　P. Kotlerは、製品やサービスの価値を、顧客がそれによって享受する便益の和を、顧客が負担するべき費用の和で除したもの、ときわめて簡潔に規定している。便益は「機能的便益 (functional benefit)」、「情緒的便益 (emotional benefit)」からなり、費用は「金銭的費用 (monetary cost)」、「時間的費用 (temporary cost)」、「身体的費用 (physical cost)」、「心理的費用 (psychological cost)」を内容とする。この定式化にしたがえば、新規の製品またはサービスによる価値の増大は、既存のものからの

・便益の増大
・費用の減少
・便益の増大と費用の減少
・費用の増加を上回る便益の増大
・便益の減少を下回る費用の増加

によってもたらされる。

　Kotlerが述べる「便益の増大」による差異は、新規属性の追加と、既存

属性が提供する便益の増大によって実現することができる。ここまでで論じたように、新規属性の追加による差異に対する情報処理は、既存属性の便益の増加による差異や既存属性の削減による差異における情報処理にくらべて、より多くの認知的努力が要求されると考えられる。

これに対して、Kotler がいう「費用の減少」による差異は、その形成の手段にかかわらず、構造整列理論における整列可能な差異—同一属性次元における差異—に対応する。例えば、新規の製品やサービスの購買や使用に要する時間的費用が、旧来のものと比較して減少する場合、「購買または使用に要する時間」という同一の次元によって両者を比較することができる。このため、差異に対する情報取得や評価が相対的に容易であるといえる。つまり、この種の情報処理は、新たな知識や技能の獲得を要求せず、認知的努力を必要としないため、情報処理対象である新規の提供物に対する選好が相対的に向上する可能性がある。

ただし、上記の見解についても、現在のところ仮説にとどまっており、客観的な検証が必要である。

2-5．本節のまとめ

本節で取り上げた先行研究の成果から、われわれは新規の製品またはサービスの開発、および市場導入時におけるコミュニケーションに対していくつかの実践的示唆を得ることができる。

第1に、新しい製品やサービスの開発において、新規性の程度だけでなく、新規性の種類、特に新旧提供物間の差異に対する消費者の情報処理にも留意することが望ましいといえる。市場導入される製品やサービスは、単に「革新的であればあるほど消費者に受容されやすい」のではない。また、旧来の製品やサービスに単に「目新しい属性を付与することが望ましい」というわけではない。いくつかの先行研究が明らかにしたように、新規の製品またはサービスに既存のものとの整列可能な差異を付与すること、すなわち既存の属性が提供する便益を増大させることによって、新規の属性を追加するよりもむしろ消費者による受容の可能性が高まることもある。また、現在のところ必ずしも客観的に検証されているわけではないが、既存属性の削減や

便益の低減による差異の形成が消費者の選好を高める効果も考えうる。

　第2に、市場における既存の製品またはサービスのうちどの提供物を比較の対象として位置づけるか、あるいは比較の対象としないかについての意思決定も重要である。例えば、新規の製品やサービスに対して既存のものとの整列可能な差異を付与し、新旧の比較を意図的に生起させ、新規の製品またはサービスの優位性を強調することも可能である。あるいは、新規のものに対して既存のものとの整列不可能な差異を付与し、新たなカテゴリーを立ち上げて、意図的に既存のものとの比較を生起させない方法も考えられる。

　われわれは新規性の質、特に新旧実体間における差異の形式に注目することによって、上記のような示唆を得ることができる一方、いくつかの研究課題を指摘することができる。

　第1に、前項で述べたように、「既存属性の削減による差異」、「便益の低減による差異」、あるいは「消費者が負担するべき費用の低減による差異」に対する消費者の情報処理に関する実証研究が求められる。

　第2に、新規属性の追加による差異が有効な条件を明らかにすることである。本節で既に述べたように、新規属性の追加による差異は、他の種類の差異よりも消費者の情報処理において必要な認知的努力が相対的に大きくなってしまうと考えられる。消費者が情報処理過程において認知的費用の最小化を目標としてもつならば、新規属性の追加による差異に対する消費者の評価は相対的に低くなる可能性がある。しかしながら、現実には新規の属性を追加した製品やサービスが成功を収めることもある。

　最後に、新規性の情報処理に影響を与える個人要因の探究である。先行研究を概観すれば、新規性の知覚や評価に影響を与える可能性のある個人要因が明らかにされてきた（詳細については、第9章「消費者の個人要因」において論じる）。これらの変数と差異に対する消費者の情報処理過程との関係は、現在のところほとんど明らかにされていないため、今後の研究課題であろう。

3．むすび

　本章では、「新規性」を新旧提供物間の差異と規定し、その類型化を行い、

3．むすび

差異の類型によって消費者の反応がどのように異なるかについて検討した。具体的には、製品やサービスの新規性を新旧実体間の客観的差異と捉え、差異を「新規の属性の追加による差異」、「既存属性の便益増大による差異」、「既存属性の削減による差異」、「既存属性が提供する便益の低減による差異」の4種類に類型化し、消費者の情報処理過程を比較した。

「新規の属性の追加による差異」と「既存属性の便益増大による差異」との比較においては、構造整列理論を援用し、他の条件を一定とすれば消費者の選好が前者よりも後者に対して高まる可能性を指摘した。「既存属性の削減による差異」および「既存属性が提供する便益の低減による差異」については実証研究の成果の蓄積が乏しいため、消費者行動研究における知見をもとに考察を行った。消費者が情報処理過程において認知的努力の最小化という目標をもつとすれば、「既存属性の削減による差異」、「既存属性が提供する便益の低減による差異」、「消費者が負担するべき費用の減少による差異」についての情報処理は認知的努力をそれほど必要としないため、情報処理が相対的に容易になり、結果として情報処理対象への評価が高まる可能性を指摘した。

今後の研究課題として、「既存属性の削減による差異」、「便益の低減による差異」、あるいは「消費者が負担するべき費用の低減による差異」に対する消費者の情報処理についての実証研究、属性の追加による差異の付与が有効である条件の明確化、新規性の情報処理に影響を与える個人要因の探究が挙げられる。

1　それ以外の2つの手法は、詳細な内容が互いに異なるとはいえ、既存のカテゴリーとは異なる別のカテゴリーを立ち上げ、新規の製品またはサービスを後者に属するものとして位置づける手法、と理解することができる。
2　ここでの記述は、『日経ビジネス』2009年2月9日号による。

第7章　考慮集合の形成、
　　　　および選択肢の評価と選択

　第3章で述べたように、消費者情報処理理論によれば、情報処理過程が一方向に直線的に進行するのではなく、情報処理過程の各側面（動機づけ・目標、注意、外部情報の探索、記憶中の内部情報の探索、情報取得、評価）が選択に至るまで常に影響を与え合いながら、相前後しつつ、進行する。同理論の仮定では、考慮集合は、選択の時点（すなわち店頭やオンライン・ショップにおける購買時点）において形成される。考慮集合が形成された後、最終的な評価（選択肢間の相対的評価）および購買意思決定が行われ、実際に購買が実現される。

　本章では、考慮集合の形成過程、考慮集合形成後における選択過程、および考慮集合内の選択肢間の相対的関係が消費者の情報処理に与える影響について述べる。特に、第3節で論じる選択肢間の相対的関係が消費者の情報処理に与える影響は、相対的情報処理概念の重要性を示唆している。

1．考慮集合の形成

　考慮集合の重要性は、多くの論者によって指摘されてきた。ブランドが考慮集合に入らなければ選択の可能性が著しく低下するため、新規の製品やサービスであっても、それに付与されたブランドを考慮集合内に位置づけることが消費者による選択の可能性を確保するための必要条件である。本節では、考慮集合に関する研究の系譜を簡単に整理し、考慮集合にブランドが包摂されるための条件について考察する。

1-1．考慮集合に関する研究の系譜

　考慮集合、あるいはブランド・カテゴライゼーションの研究は、Howard (1963) を端緒とし、Narayana and Markin (1975)、Brisoux and Laroche (1980) によって発展した[1]。Brisoux and Laroche (1980) が提起した理論的

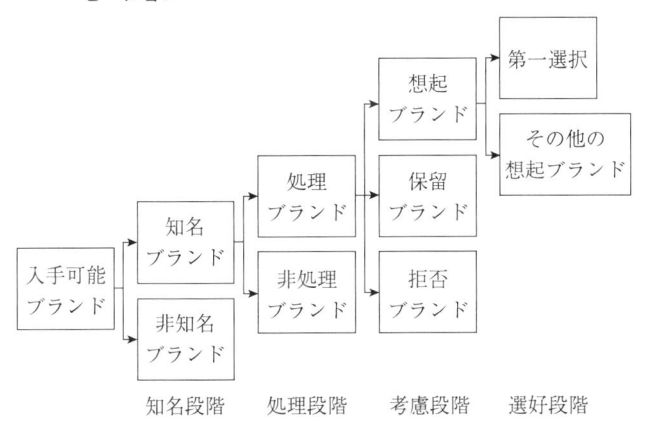

1. 考慮集合の形成　109

図1　Brisoux and Larcoche (1980) によるブランド・カテゴライゼーション

```
入手可能 ─┬─ 知名    ─┬─ 処理    ─┬─ 想起    ─┬─ 第一選択
ブランド   │ ブランド   │ ブランド   │ ブランド   │
           │           │           │           └─ その他の
           │           │           │              想起ブランド
           │           │           └─ 保留
           │           │              ブランド
           │           └─ 非処理   ─┬─ 拒否
           │              ブランド     ブランド
           └─ 非知名
              ブランド

           知名段階    処理段階    考慮段階    選好段階
```

Brisoux, Jacques E. and Michel Laroche (1980),"A Proposed Consumer Strategy of Simplification for Categorizing Brands" in *Evolving Marketing Thought for 1980*. ed. J. D. Summey and R. D. Taylor. Southern Marketing Association, p. 113.

枠組によれば、あるブランドが消費者の選択の際に検討の対象となるためには、「知名ブランド (awareness brand)」であり、「処理ブランド (processed brand)」であり、かつ「想起ブランド (evoked brand)」でなければならない。Brisoux and Laroche (1980) 以降、彼らが提唱した枠組みにもとづいて、多くの研究が展開されてきた。

これに対し、1990年代以降、考慮集合の形成要因としての消費者の目標に関する研究、および記憶中のブランドの接近可能性を強調する研究が見られるようになった。続く2つの項では、これらについて順に検討する。

1-2．消費者の目標と考慮集合の形成

先行研究を概観すれば、考慮集合の形成要因、あるいは記憶中から選択肢を検索する際の手がかりのうち最も重要なものが、カテゴリー・ラベルと消費者の目標であるといってよいであろう。特に消費者の目標と考慮集合の形成との関係を扱った研究がいくつか見られる。

一般に、消費者がある目標をもつとき、その目標を達成するための手段となりうる選択肢によって考慮集合が形成される。「友人との待ち合わせのため

に、時間をつぶしたい」という目標に対して、カフェ、ファースト・フード店、ファミリー・レストランなどの複数のカテゴリーに含まれるブランドが目標達成の手段としての選択肢になるかもしれない。「部屋の模様替えをする」という目標に対しては、家具、時計、家電製品といった各カテゴリー中のブランドが手段として選択肢を形成するかもしれない。このように、消費者は、自らの目標を基準として、しばしばカテゴリーを超越した選択肢群によって考慮集合を形成する。その結果として、業界や業種を超えた提供物間の代替関係、あるいは競争関係がもたらされる。したがって、自社ブランドをどの目標と結合させるかによって、代替関係、競合関係が変化することになる。

　Ratneshwar et al.（1996）は、カテゴリー横断的な考慮集合が形成される条件を、実験によって明らかにした。それによれば、活性化した複数の目標が相互に対立するとき、すなわち、単一のカテゴリーでは活性化したすべての目標を満たすことができないとき、カテゴリーを横断した考慮集合が形成されやすくなる。なぜなら、それによって目標間の対立の解消が最終的な選択場面にまで延期されるからであるという。一方、目標が曖昧なとき、すなわち活性化した目標がないときにも、カテゴリー横断的な考慮集合が形成されやすいが、それは、消費者が「一流のブランド」などの目標以外の手がかりに影響を受けることが原因である。Chakravarti and Janiszewski（2003）によれば、目標が曖昧なとき、考慮集合の内容は、次の2つの動機が結びつくことによって決定されるという。1つ目は、相互に比較が容易な選択肢によって考慮集合を形成しようという動機である。選択肢どうしの比較が容易なときとは、選択肢が整列可能な属性（alignable attribute）をもつとき、および選択肢の特徴が互いに重複しているときである。既存の提供物との間で整列可能な属性をもつ新規の提供物は、整列不可能な属性（non-alignable attribute）をもつ新規の提供物よりも、選好が高まることが、いくつかの先行研究で明らかになっている（第6章「新規性の諸相2」）。もう1つは、消費者が最適な選択肢を含んでいそうな考慮集合を形成しようという動機である。したがって、複数の選択肢が異なる便益をもち、しかも便益間で二者択一（trade-off）が生じてしまったとき、消費者はどの便益が好ましいかについての意思

表1 　制御焦点と考慮集合の形成

比較の基準	促進焦点	予防焦点
考慮集合の大きさ	大きい	小さい
考慮集合内の選択肢の多様性、同質性	多様	同質的
考慮集合の形成過程	考慮集合への選択肢の追加（inclusion）によって形成	考慮集合からの選択肢の排除（exclusion）によって形成
選択肢のスクリーニング	分離型の規則による	結合型の規則による

Pham, M. T. and E. T. Higgins (2005), "Promotion and Prevention in Consumer Decision-Making," in *Inside Consumption ; Consumer Motives, Goals, and Desires*, pp. 8-43. にもとづいて筆者が作成。

決定を延期するため、多様な選択肢を含む考慮集合を形成しやすくなる。

消費者の目標に関連して、第4章において詳述した制御焦点も考慮集合の形成に大きな影響を与えるといわれている。Pham and Higgins (2005) は、制御焦点と考慮集合の形成との関係について、いくつかの命題を提起している（表1）。

1-3．考慮集合とブランドの相対的な接近可能性

Nedungadi (1990) は、記憶にもとづく選択場面では、記憶中に保持されている各ブランドの相対的な接近可能性（他のブランドとの比較における接近可能性）こそが、考慮集合の形成に大きな影響を与えることを、実験によって明らかにした。Nedungadi (1990) の研究結果に関連して、Kardes, Kalyanaram, Chandrashekaran, and Dornoff (1993) は、先発ブランドは後発ブランドよりも相対的に想起されやすく、それゆえに考慮集合に入りやすいこと、意思決定の複雑性が低いとき（想起されたブランド数が少ないとき）、複雑性が高いとき（想起されたブランド数が多いとき）よりも、考慮集合の形成さえ省略されて選択が行われる（想起されたブランドがそのまま選択される）可能性が高いことを示した。

これらの先行研究の知見は、Feldman and Lynch (1988) によって提唱された「接近可能性―診断性」の理論的枠組に一致する。第10章で詳述するように、Feldman らによれば、ある情報が記憶中から検索される可能性は、

その情報の相対的な接近可能性（他の情報との比較における接近可能性）と診断性によるという。N. Schwartz、G. Menon、P. Raghubir といった論者らは、接近可能性の重要性を特に強調している。また、第4章で述べたように、Van Osselaer et al. (2005) は、あらゆる概念の接近可能性は活性化の頻度および新近性に強く依存する、と論じている。

1-4．ブランドが考慮集合内に入るための条件

前項までの議論にもとづけば、新規に市場導入された製品やサービス（に付与された自社ブランド）を考慮集合内に位置づけるための必要条件は、考慮集合形成の基準となる目標を適切に選択すること、ブランドと記憶からの検索の手がかりとなる目標との連想を強化し、ブランドの相対的接近可能性を高めることである。

また、消費者の目標以外にも、考慮集合の形成に影響を与える重要な要因として、消費者の能力的要因である「熟達（expertise）」がある。Alba and Hutchinson (1987) によれば、熟達者は、初心者と比較して、具体的なニーズをもつとき同質的な考慮集合を形成し、より抽象的で一般的なニーズをもつとき多様な選択肢によって考慮集合を形成するという。また、熟達者は、初心者と比較して、典型的なブランドと典型的でないブランドの両方についての知識をもつ（初心者は典型的なブランドについての知識をもつが、そうでないブランドについての知識を持たない）、考慮集合が非典型的なブランドを含んでいる、ブランド選択においては典型性の影響をそれほど受けない、といった特徴をもつ。したがって、あるブランドが考慮集合に入る可能性を高めるためには、消費者の熟達の程度にも留意する必要がある。

2．考慮集合内の選択肢の評価と選択

考慮集合が形成された後、考慮集合内の選択肢に対して相対的評価が行われ、その結果として選択が生じる。第3章で論じたように、構成的選択理論では、消費者は記憶中に意思決定問題を解決するためのいくつかの方略（strategies）を保持しており、自らの記憶の中から目標に最も合致した方略

を選択する。このときに用いられる意思決定方略の内容については多くの文献において既に詳細に説明がなされているが、ここでは、代表的な意思決定方略—規則（rule）またはヒューリスティクス（heuristics）—の概要（意思決定手順）を整理しておく。

・加重加算型規則（the weighted additive rule）
　①ある選択肢について、各属性の主観的価値を算定する。
　②各属性の重要性を算定する。
　③各属性の主観的価値と重要性との積をもとめる。
　④すべての属性における③の数値の和を、その選択肢の全体的価値とする。
　⑤全体的価値が最大である選択肢を選択する。
この方略は、消費者の作動記憶に大きな負荷をかけ、計算能力を必要とする。

・満足化ヒューリスティック（the satisficing heuristic）
　①選択肢を、それが生起した順に考慮する。
　②考慮対象の選択肢について、属性ごとの価値を算定する。
この方略では、選択肢が生起した順序が選択結果に影響をあたえる。

・辞書編纂型ヒューリスティック（the lexicographic heuristic）
　①最も重要な属性を決定する。
　②その属性において最大の価値をもつ選択肢を選択する。
　③直前の選択において複数の選択肢が残ったとき、次に重要な属性を決定する。
　④その属性において最大の価値をもつ選択肢を選択する。
　⑤選択肢が１つにしぼられるまで、③と④の過程を繰り返す。

・EBAヒューリスティック（the elimination-by-aspects heuristic）
　①最も重要な属性を決定する。
　②その属性について満たすべき主観的価値の最低基準を決定する。

③その属性の最低基準を満たさない選択肢をすべて棄却し、残った選択肢を選択する。
　④直前の選択において複数の選択肢が残ったとき、次に重要な属性を決定する。
　⑤その属性について満たすべき主観的価値の最低基準を決定する。
　⑥その属性の最低基準を満たさない選択肢をすべて棄却し、残った選択肢を選択する。
　⑦選択肢が１つにしぼられるまで、④から⑥までの過程を繰り返す。

・特徴頻度ヒューリスティック（the frequency of good and bad features heuristic）
　①よい特徴、および悪い特徴を識別する。
　②よい特徴の数、および悪い特徴の数にもとづいて評価や選択を行う。

・組み合わせ方略（combined strategies）
　複数の方略や規則を組み合わせて用いる方略である。その一例が、EBAと加重加算型規則とを組み合わせたものであり、まず前者によって選択肢の数を減らし、次に後者によって残った選択肢のなかから選択を行う、という方略である。

・習慣型ヒューリスティック（the habitual heuristic）
　過去に選択した選択肢のうち、最後に選択したものを選択するというヒューリスティックをいう。

・情動の参照（affect referral）
　各選択肢について事前に形成された評価を想起し、評価が最も高い選択肢を選択するというヒューリスティックのことである。

　考慮集合内の選択肢の評価は、制御焦点によってさまざまな影響を受けるといわれている。Pham and Higgins (2005) は、制御焦点と選択肢の評価、選

表2　制御焦点と選択肢の評価との関係

比較の基準	促進焦点	予防焦点
評価の向上をもたらす要因	・促進関連の属性における魅力。 ➢ 快楽的（hedonic）便益（贅沢、満足感、美など） ➢ 利得にかかわる情報 ➢ 熱望（eagerness）にかかわる情報	・予防関連の属性における魅力。 ➢ 効用主義的（utilitarian）特徴（安全や防御など） ➢ 損失にかかわる情報 ➢ 警戒にかかわる情報
評価の様式	・ヒューリスティック	・系統的
評価において依存する対象	・情動（affect）、特に、促進に関係する情動 ・個人の選好、態度	・本質的な情報 ・集団の選好、社会規範

Pham, M. T. and E. T. Higgins (2005), "Promotion and Prevention in Consumer Decision-Making," in *Inside Consumption ; Consumer Motives, Goals, and Desires*, pp. 8-43. にもとづいて筆者が作成。

表3　制御焦点と選択との関係

比較の基準	促進焦点	予防焦点
選択の基準	選択（selection）または受容（acceptance）	排除（elimination）または拒否（rejection）
選択に用いられる方略	分離型 辞書編纂型	結合型 EBA型
既定の選択肢（default option）*の選択可能性	低い	高い
無選択、選択の遅延の可能性	低い	高い
多様性追求の傾向	強い	弱い

＊意思決定者が積極的に拒否しないために残った選択肢のこと。
Pham, M. T. and E. T. Higgins (2005), "Promotion and Prevention in Consumer Decision-Making," in *Inside Consumption ; Consumer Motives, Goals, and Desires*, pp. 8-43. にもとづいて筆者が作成。

択との関係についての命題を提起している（表2、3）。ただし、これらについては、現在のところ検証されていないため、今後の研究課題となる。

3．考慮集合内の選択肢間の関係

　近年の消費者行動研究では、選択肢間の関係が選好や選択行動そのものに影響を与える現象が数多くの研究結果によって報告されている。

　本節では、「魅力効果（attraction effect）」、「妥協効果（compromise effect）」、「補完的推論の効果（compensatory reasoning effect）」、「知覚焦点効果（perception focus effect）」の4つの現象を取り上げ、それぞれについて概説する。魅力効果と妥協効果については既に新倉（2001）などによって詳しい検討がなされているが、ここでは、2000年代以降の新しい研究成果（A. Chernevによる一連の研究成果など）を加えて論じる。

　なお、本節で考察の対象とする現象は、主として、考慮集合内の選択肢間の関係を念頭に置いているが、考慮集合の形成に至るまでの時点における相対的な知覚や評価においても生じることがある。

3-1．魅力効果

　魅力効果とは、「オトリ（decoy）」といわれる「非対称に優越される選択肢（asymmetrically dominated alternative）」が選択肢集合に加えられたとき、「優越する選択肢（dominating alternative）」の魅力が向上するという現象である。Huber, Payne, and Puto（1982）は、既存の選択肢群にオトリが追加されたとき、既存の選択肢に対する選好が変化することを明らかにした。図2のように、既存の選択肢である「ターゲット」の選好は、同じく既存の選択肢である「競合」の選好よりも属性2において高く、属性1において低い。しかし、両者の選択肢全体としての客観的な価値は互いに等しいとする。ここに、オトリとして、次の①から④までの新たな選択肢を配置した（図3）。

　①：属性1においてターゲットよりも選好が弱い。
　②：属性1において①よりも選好がさらに弱い。
　③：属性2においてターゲットよりも選好が弱い。

図2　非対称に優越されるオトリの配置

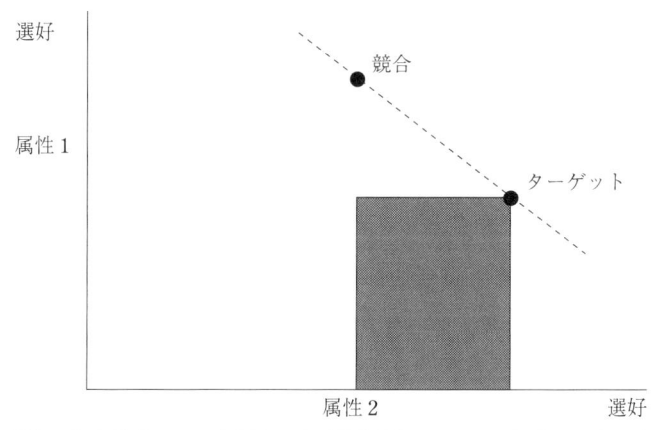

Huber, J., J. W. Payne, and C. Puto (1982), "Adding Asymmetrically Dominated Alternatives: Violations of Regularity and the Similarity-Hypothesis," *Journal of Consumer Research*, 9 (1), p. 92, FIGURE A.

図3　異なる方略によるオトリ配置

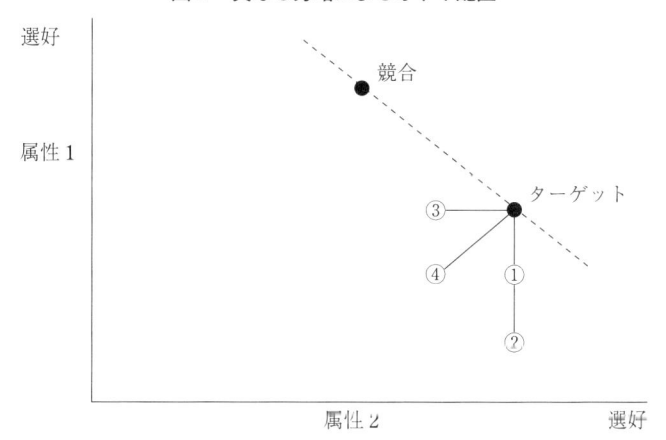

Huber, J., J. W. Payne, and C. Puto (1982), "Adding Asymmetrically Dominated Alternatives: Violations of Regularity and the Similarity-Hypothesis," *Journal of Consumer Research*, 9 (1), p. 93, FIGURE B.

④：属性1、属性2の両次元においてターゲットよりも選好が弱い。
彼らは、既存の2つの選択肢にオトリ選択肢を追加することによって選好がどのように変化するかを、実験によって検証した。その結果、②の選択肢が

追加されたときにターゲットの選好が最も増大し、以下、①、④、③の順にターゲットの選好が増大した。このように、2つの属性次元のいずれか、または両方においてターゲットより劣る選択肢がオトリとして追加されたとき、ターゲットに対する選好が増大すること、オトリの位置によってその効果が変化することが確認された。Huberらは、オトリと競合との距離が遠い（類似性が低い）ほど、ターゲットに対する選好が増大する、と解釈している。

Simonson（1989）は、非対称に優越する選択肢（図における「ターゲット」）を選択することは他者に対して正当化しやすいと知覚されること、自らの意思決定を他者に対して正当化しようとする傾向にある消費者において魅力効果が増大することを明らかにしている。

3-2．妥協効果

妥協効果とは、複数の選択肢のうち、中間的な選択肢が選好される現象をいう。図4のように、属性1と属性2という2つの次元、およびA、Bという2つの選択肢を仮定する。A、Bは互いに等しい価値をもつとする。ここに、仮にA′という選択肢が新たに追加されたとき、Aの価値が相対的に

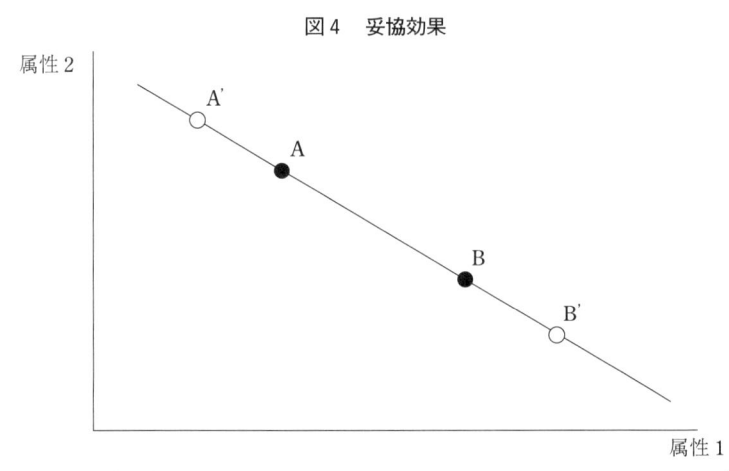

図4　妥協効果

Chernev, A.（2005），"Context Effects without a Context: Attribute Balance as a Reason for Choice," *Journal of Consumer Research*, 32（2），p. 214, FIGURE1を修正。

向上する。また、仮に B′ という新たな選択肢が追加されれば、B の相対的価値が向上する。このような現象を妥協効果という。

魅力効果と同様に、Simonson（1989）は、妥協的な選択肢を選択すること

図5　選択における属性均衡

A. 属性価値にもとづく選択肢間の関係

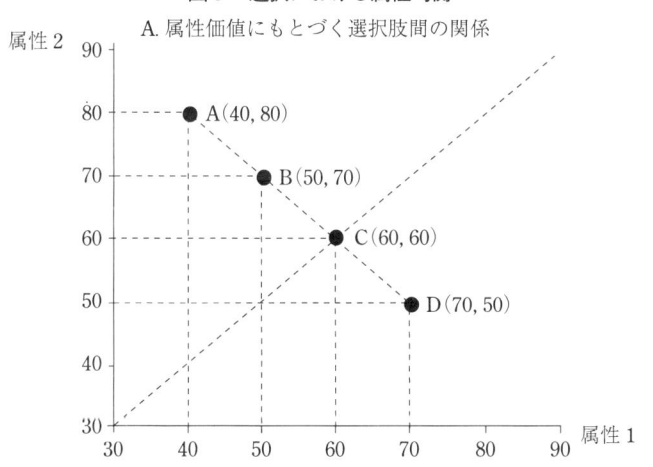

Chernev, A.（2005）, "Context Effects without a Context: Attribute Balance as a Reason for Choice," *Journal of Consumer Research*, 32（2）, p. 215, FIGURE2.

B. 各選択肢における属性価値間の差異

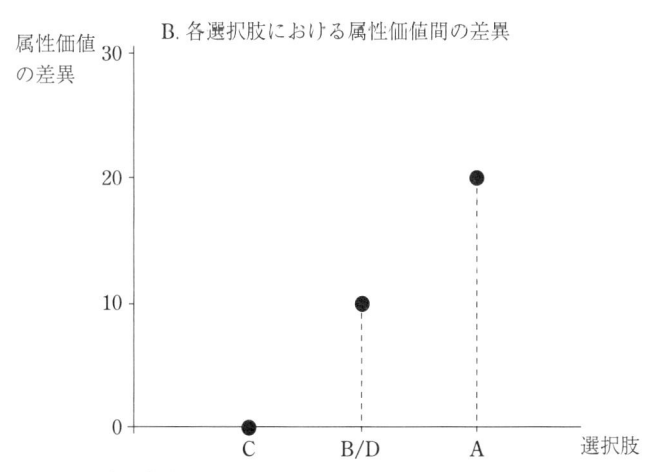

Chernev, A.（2005）, "Context Effects without a Context: Attribute Balance as a Reason for Choice," *Journal of Consumer Research*, 32（2）, p. 215, FIGURE2.

は他者に対して正当化しやすいと知覚されること、自らの意思決定を他者に対して正当化しようとする傾向にある消費者において魅力効果が増大することを明らかにしている。

　Chernev (2005) は、妥協効果が異なるメカニズムによっても生じうることを実験によって明らかにした。それによれば、属性水準が偏向している選択肢と属性水準が均衡している選択肢を仮定するとき、属性水準が均衡している選択肢に対する選好が相対的に増大するという。図5のように、A、B、C、Dの4つの選択肢が属性1と属性2という2つの次元をもち、すべての選択肢の全体的価値が客観的に等しい（2つの属性水準の合計が120）とする。これらの選択肢の属性水準は異なっており、Cでは2つの属性水準が等しいのに対し、A、B、Dでは2つの属性水準の間に偏りがある（図Bのように、Cと比較すれば、BとDでは各属性水準の偏りが10であり、Aでは偏りが20ある）。このとき、属性水準が均衡しているCの選択肢が最も選好される。

　Mourali, Böckenholt, and Laroche (2007) は、消費者が促進焦点のとき魅力効果が増大し、予防焦点のとき妥協効果が増大することを、実験によって明らかにしている。彼らの実験結果によれば、予防に関係する製品（例えば、虫歯予防の歯磨き粉）は、非対称に優越する選択肢として提示するときよりも妥協点として提示するときのほうが、より魅力的になる。逆に、促進に関係する製品（例えば、口内の爽快感をもたらす歯磨き粉）は、妥協点として提示するときよりも非対称に優越する選択肢として提示するときのほうが、より魅力的になる。また、消費者が自らの選択を正当化しようとするとき、促進焦点および予防焦点の動機づけが増大することを明らかにしている。

3-3．補完的推論の効果

　「補完的推論」は、「市場効率性 (market efficiency)」という消費者の直感的な理論 (intuitive theory) にもとづく推論形式である (Chernev and Carpenter 2001)。Chernev and Carpenter (2001) によれば、市場効率性とは、競争が十分に激しいカテゴリーにおいて、カテゴリー内の各ブランドが提供する価値が互いに等しい程度をいう。市場効率性が高いとは、カテゴリー内の各ブランドが提供する価値が互いに等しく、ある属性について優れたブランドは

3．考慮集合内の選択肢間の関係　121

図6　市場効率性と補完的推論

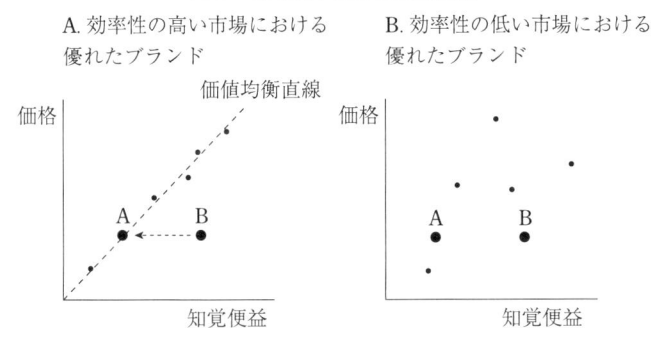

A. 効率性の高い市場における優れたブランド

B. 効率性の低い市場における優れたブランド

Chernev, A. and G. S. Carpenter (2001), "The Role of Market Efficiency Intuitions in Consumer Choice: A Case of Compensatory Inferences," *Journal of Marketing Research*, 38 (3), p. 351, Figure 2 を修正。

別の属性において劣っていることをいい、市場効率性が低いとは、カテゴリー内のブランドの提供価値が等しくないことをいう。一般に、消費者は、上記のような市場効率性についての直感的な信念をもつという。

市場効率性とそれにもとづく補完的推論について、Chernev ら（2001）は次のような例を挙げている。価格が等しい2種類のPCを考える。ブランドAのモデムはブランドBのモデムよりも処理速度が速い。消費者は、PC業界は競争が激しいため、価格が等しい製品は提供する価値も等しいはずであり、ブランドBは何か別の属性についてブランドAよりも優れているであろう、と推論を行う。

Chernev ら（2001）は、補完的推論が選択肢に対する相対的評価に影響を与えるとし、その効果を次のように説明している（図6）。まず、効率性の高い市場（図A）と効率性の低い市場（図B）のそれぞれにおいていくつかのブランドが競合しているとする。両市場に優れたブランドBを投入した際、効率性の高い市場においては、ブランドBの便益が実際よりも低く知覚されるのに対し、効率性の低い市場では、ブランドBの便益の知覚には変化がない。効率性の高い市場では、市場効率性に関する補完的推論（「ある属性について優れた選択肢は別の属性において劣っているはずである」という推論）が生じ、ブランドBの知覚便益がそれと同じ価格を付与されたブランドAの便益の

図7　選択における価値の向上および低下の効果

A. 補完的推論がないときの製品評価

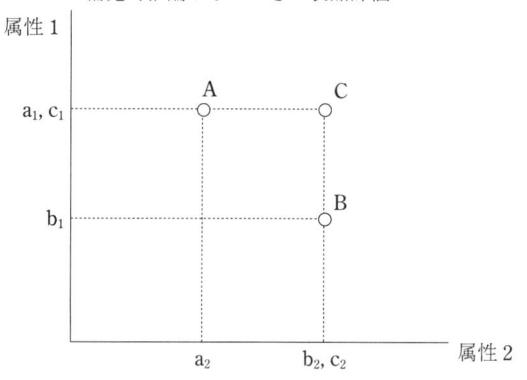

(属性1／属性2の散布図：点A (a_1, c_1 行、a_2 列)、点C (a_1, c_1 行、b_2, c_2 列)、点B (b_1 行、b_2, c_2 列))

B. 補完的推論があるときの製品評価

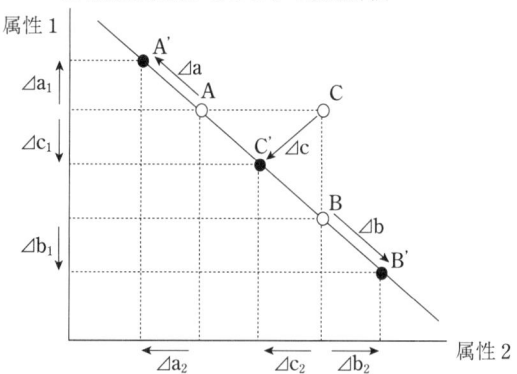

(属性1／属性2の散布図：点A→A'（Δa_1、Δa_2、Δa）、点C→C'（Δc_1、Δc_2、Δc）、点B→B'（Δb_1、Δb_2、Δb）。右下がりの直線上にA'、C'、B'が位置する)

Chernev, A. (2007), "Jack of All Trades or Master of One? Product Differentiation and Compensatory Reasoning in Consumer Choice," *Journal of Consumer Research*, 33 (4), p. 433, FIGURE 1.

ほうにシフトする。一方、効率性の低い市場では、補完的推論が生じないため、知覚便益に変化は見られない。Chernevら (2001) は、このような補完的推論の効果を実験によって示している。

　Chernev (2007) は、「専門特化型 (specialized)」の選択肢（特定の属性のパフォーマンスが高い選択肢）に対する選好と、「一体型 (all-in-one)」の選択肢（複数の属性についてのパフォーマンスが高い選択肢）に対する選好を、次のような実

験を行って比較した。

まず、下記のように、A、B、Cの3つの選択肢と属性1と属性2の2つの次元を仮定した（図A）。

- 選択肢A：属性1の属性水準の値がa_1、属性2の水準がa_2。つまり、属性1の属性水準の値が高く、属性2の値が低い。
- 選択肢B：属性1の属性水準の値がb_1、属性2の水準がb_2。つまり、属性1の属性水準の値が低く、属性2の値が高い。
- 選択肢C：属性1の属性水準の値が$a_1=c_1$、属性2の水準が$b_2=c_2$。つまり、両方の属性の属性水準の値が高い。

これらの選択肢に対して、被験者に評価をしてもらったところ、上記のような客観的な属性水準の値と比較して、次のような結果が得られた（図B）。

- 選択肢A：属性1に対する評価が上昇した反面、属性2に対する評価が低下した。
- 選択肢B：属性1に対する評価が低下した反面、属性2に対する評価が上昇した。
- 選択肢C：属性1に対する評価、および属性2に対する評価がともに低下した。

以上の結果から、特定の属性について優れる専門特化型の提供物に対する選好は、多くの属性において優れている一体型の提供物に対する選好よりも、相対的に高くなる可能性が示唆された。

3-4．知覚焦点効果

2 1．で論じたように、魅力効果は、非対称に優越される選択肢が選択肢群に追加されたとき、その選択肢に優越する選択肢の魅力が向上する、という現象であった。

ここでは、属性1と属性2の2つの次元、および次のような5つの選択肢を設定する（図8）。

- 選択肢A：属性1の属性水準の値が60、属性2の属性水準の値が80
- 選択肢B：属性1の属性水準の値が80、属性2の属性水準の値が60
- 選択肢C：属性1の属性水準の値が75、属性2の属性水準の値が60

124　第7章　考慮集合の形成、および選択肢の評価と選択

図8　知覚焦点効果

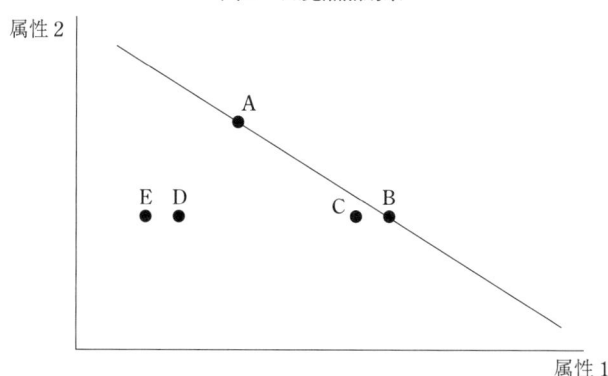

```
属性2
  │
  │        A
  │        ●
  │
  │   E D              C  B
  │   ● ●              ●  ●
  │
  │
  └─────────────────── 属性1
```

Chernev, A., J. Hong, and R. Hamilton (2007)[b], "Perceptual Focus Effects in Choice," *Journal of Consumer Research*, 34 (2), p. 188, FIGURE 1.

・選択肢D：属性1の属性水準の値が55、属性2の属性水準の値が60
・選択肢E：属性1の属性水準の値が50、属性2の属性水準の値が60

つまり、選択肢B、C、D、Eでは、属性2の属性水準の値が60になっている。以上のような条件においては、選択肢Aの魅力が増大することが実験データによって示された。このように、ある属性について他の選択肢と異なる属性水準をもつ選択肢の魅力が向上することをChernev (2007)[b] は知覚焦点効果とよんでいる。

4．むすび

第1節では、考慮集合の形成に影響を与える要因について考察した。考慮集合の形成に最も直接的に影響を与える要因は、ブランドの接近可能性である。したがって、新規の提供物を消費者の考慮集合内に位置づけるためには、その接近可能性を高めることがきわめて重要であり、カテゴリー・ラベル、消費や使用の目標などとブランド名とを消費者に対して反復的に提示することによって、これらの間の連想を強化し、接近可能性を高めることが求められる。また、考慮集合の内容は、消費者の制御焦点、熟達の程度にも影響を受ける。

第2節では、考慮集合内の選択肢からの選択方法である意思決定方略について説明した。消費者によって用いられる意思決定方略は一定でないため、用いられる方略に対応して製品またはサービスの開発、およびコミュニケーションを行うことが望ましい。例えば、非相補型の方略が用いられるとき、それに対応して、一部の重要な属性のパフォーマンスを向上させ、重要度が相対的に低い属性を削減することによって、新規の提供物を形成し、重要な属性を強調したコミュニケーションを行うことが有効であろう。

　第3節では、魅力効果、妥協効果、補完的推論の効果、知覚焦点効果といった選択肢間の関係の効果について論じた。これらの効果が意味することは、製品やサービスの価値が市場内の他の提供物との相対的関係によって決定されることである。したがって、新規の製品またはサービスの市場導入に際して、選択肢どうしが与え合う影響を考慮しなければならない。自社が新規の提供物を市場に導入したことによって、競合企業の提供物に対する知覚や評価がどのように変化するか、あるいは自社のものに対する知覚や評価が競合企業のものによってどのような影響を受けるのかを把握し、それをコミュニケーションに適切に反映させることが求められる。

1　Brisoux and Laroche（1980）に至るまでの研究の系譜は恩蔵（1995）において簡潔に整理されているため、詳細な説明は省略した。

第8章 消費者の個人要因

　製品やサービスの普及過程において最も早い時期の採用者は「革新者 (innovator)」、「早期採用者 (early adopter)」と呼ばれ、導入後の種々のマーケティング活動において重要な対象といわれている。革新者や早期採用者は価格に対してそれほど敏感でないこと、早期採用者はオピニオン・リーダーとしての役割を果たし、クチコミ等によって他の消費者の意見や態度に影響を与える可能性があること、などがその理由である。革新者や早期採用者をターゲットとするためには、まずその識別が必要になるが、そのための手段として、人口統計的変数、心理的変数、行動的変数など多様な要因が特定されてきた。特に、消費者個人の採用に関する心理的傾向や行動的傾向は総称的に「消費者の革新性 (consumer innovativeness)」といわれ、イノベーションの普及理論において中心的な概念として位置付けられてきた (Midgley and Dawling 1978)。

　本章では、消費者の革新性に関係する代表的な理論や概念を取り上げ、それぞれの特徴、限界、他の理論や概念との関係などを論じる。

1. 消費者個人の採用傾向にかかわる要因

1-1. 採用時期

　革新者や早期採用者を識別するための最もよく知られた変数である。Rogers は、革新性を「個人が自らが属する社会システムの他の成員よりも相対的に早期にイノベーションを採用する程度」と定義し (Rogers and Shoemaker 1971)、採用者を「革新者 (innovators)」、「早期採用者 (early adopters)」、「早期多数者 (early majority)」、「後期多数者 (late majority)」、「採用遅滞者 (laggards)」に類型化した (Rogers 1962)。その分類基準は採用時期、すなわち当該製品またはサービスの導入から初期購買までの期間の長短である。

Rogers の萌芽的研究以降、多くの研究が採用時期によって消費者の革新性の高低を捉えてきた。

しかしながら、採用時期によって消費者の革新性を規定する方法は、いくつかの点で批判されてきた。Goldsmith and Hofacker (1991) は、採用行動や採用時期は観察可能な顕在変数であるのに対し、消費者の革新性はあくまで仮説的構成概念であるとして、両者を同一視することはできないと論じている。さらに、彼らは、採用時期によって革新性を規定する方法について、信頼性および妥当性を評価する方法がないこと、研究間で結果の比較が不可能であること、研究結果を一般化することができないこと、を指摘している。

1-2. 消費者の独立判断

「消費者の独立判断 (consumer independent judgment)」は、Midgley and Dowling (1978) によって提起された概念であり、「個人がコミュニケーションによって伝達された他者の経験と独立して新しいアイデアを受容する程度およびイノベーションに関する意思決定を行う程度」と規定される。この概念は、消費者が新しい製品やサービスに関する購買意思決定を行う際、情報獲得において他者へ依存する程度が消費者個人によって異なる、という前提にもとづいている。新規の製品やサービスに関する情報探索に際して他者への依存傾向が低い消費者は、新規のものを早期に採用し、他者への依存傾向の高い消費者の採用は相対的に遅くなると仮定される。消費者の独立判断は、マス・メディアの影響によって採用の意思決定を行う採用者を革新者、クチコミ等の他者からの情報によって採用の意思決定を行う採用者を模倣者として分類する Bass モデルの仮定に類似している。Manning, Bearden, and Madden (1995) は、この変数が「試用 (trial)」に対して有意な影響をあたえることを明らかにしている。

1-3. 最適刺激水準

消費者の革新性に関する多くの先行研究が依拠している基礎的概念が、「最適刺激水準 (optimal stimulation level)」である (Wood and Swait 2002)。最

図1 最適刺激水準

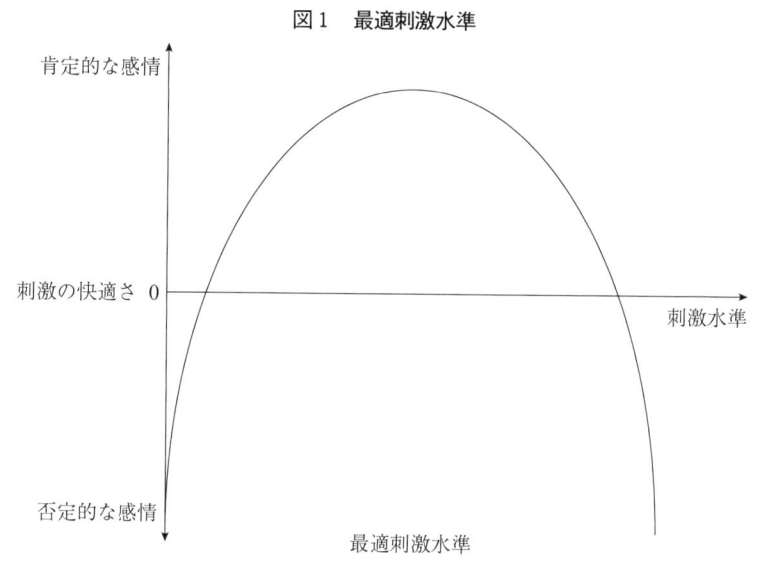

(縦軸：刺激の快適さ　肯定的な感情／否定的な感情、横軸：刺激水準、最適刺激水準で最大となる逆U字型曲線)

Raju, P. S.（1981）, "Theories of Exploratory Behavior：Review and Consumer Research Implications," in *Research in Marketing*, ed. J. N. Sheth, 4, p. 243, Figure2を修正。

適刺激水準は、心理学分野の Hebb（1955）と Leuba（1955）によってほぼ同時期に提起され、その後、Berlyne（1960）と Fiske and Maddi（1961）等によって理論的枠組が整理された。この概念は、「個人が快適に感じる感覚的刺激の程度」と定義され、次のようないくつかの前提にもとづいている。まず、個人はそれぞれ最も好ましい刺激の水準である最適刺激水準をもつ。この水準は個人によって異なる。環境からの刺激（例えば、新しい対象や事象）が最適刺激水準を上回るとき、刺激を低減させようとするが、最適刺激水準を下回るとき、刺激を増大させようとする。環境から獲得された刺激とその刺激に対する情緒的反応との関係は、逆U字型の関数にしたがう（図1）。消費者行動研究では、最適刺激水準がさまざまな探索的行動に影響を及ぼすことが明らかにされてきた。例えば、「リスク・テイキング（risk taking）」や情報探索（Raju 1980）、多様性追求行動（variety seeking behavior）（Steenkamp and Baumgartner 1992）との間に正の相関が見出されている。

1-4. 新奇性追求

「新奇性追求 (novelty seeking)」は、消費者の革新性との関連において、Hirschman が理論的整理を行っている (Hirschman 1980, 1984)。Hirschman (1980) は、新奇性追求を、「生得的新奇性追求 (inherent novelty seeking)」と「実現された新奇性追求 (actualized novelty seeking)」とに分類した。前者は、「新しいものおよび異なるものを見つけ出したいという願望」と規定され、心理的傾向を表す概念である。後者は、「個人が新しい刺激を獲得するための現実の行動」に関する傾向を表している。具体的には、新聞や雑誌の閲覧、テレビの視聴によって新しい情報を探索することがこれに当たる。

1-5. 認知欲求

「認知欲求 (need for cognition)」は、「努力を必要とする認知活動に携わる傾向、およびそれを楽しむ内発的な傾向」と定義される (Cacioppo and Petty 1982)。Cacioppo and Petty (1982) は34項目からなる認知欲求尺度を構成したが、Petty and Cacioppo (1986) ではさらに18項目に精選されている。この尺度は、心理学における膨大な数にのぼる実証研究によってその信頼性と妥当性が確証されてきた (Cacioppo, Petty, Feinstein, and Jarvis 1996)。神山・藤原 (1991) は、刺激や情報に対する感受性や処理様式に関連する「SSS (sensation-seeking scale)」(Zuckerman 1979)、「セルフ・モニタリング尺度 (self-monitoring scale)」、「刺激透過性尺度 (stimulus screening scale)」との関係を検討し、当該尺度の弁別的妥当性を確証している。また、消費者行動研究においても、消費者の認知欲求とさまざまな変数との関係が論じられてきた (Inman, McAlister, and Hoyer 1990, Inman, Peter, Raghubir 1997, Mantal and Kareds 1999, Nowlis, Kahn, and Dhar 2002, Roehm and Sternthal 2001, 神山・藤原 1994)。消費者の革新性との関連では、後述の通り、Wood and Swait (2002) が認知的側面における革新性を認知欲求尺度によって測定していることが挙げられる。

以上のように、消費者の採用過程に影響を与える個人内要因として多様な概念が提起されてきたが、これらは相対的に抽象的な水準に関係する心理的傾向を捉えた概念と、それに影響を受けるより具体的な水準である行動的傾

向に関する概念とに概ね分類することができる。「生得的新奇性追求」、「最適刺激水準」、「認知欲求」は前者に、「消費者独立判断」、「実現された新奇性追求」、「多様性追求」は後者にそれぞれ分類することができる。

2．消費者の革新性と領域固有性

　消費者の革新性を扱った研究の多くは、消費者の革新性を製品やサービスなどの対象に依存しない一般的、普遍的傾向として用いている。具体的には、ある領域において革新性が高い個人は、他のあらゆる領域においても革新性が高い傾向があるということを暗黙的に前提としている。Dickerson and Gentry（1983）は、ホーム・コンピュータの保有者は、非保有者に比べて、自動給与支払サービス、ケーブル・テレビ、銀行のATMの利用率が高いことを明らかにしており、製品やサービスのカテゴリーを超えた一般的な傾向が存在する可能性を示唆している。

　しかしながら、こういった前提に疑問を呈する見解も見受けられる。すなわち、あらゆる製品やサービス分野を横断する一般的な特性を仮定することは困難であり、革新性は「領域固有（domain specific）」であるという主張である。Gatignon and Robertson（1985）は、「革新性は製品カテゴリー・ベースで識別し、特徴づけなければならず、製品カテゴリーや関心領域を横断する一般的な革新者は存在しない」と述べている。この問題は、消費者の革新性に限らず、心理学におけるパーソナリティ研究が抱える問題と関連しているという（Goldsmith and Hofacker 1991）。パーソナリティ研究では、個人が保有するパーソナリティの相違によってその行動を予測するが、パーソナリティの抽象度が高くなると予測妥当性が低くなるという問題である。予測の精度を向上させるためには、パーソナリティの抽象度を低下させなければならない。

　消費者の革新性が領域固有であるという見解を支持する実証研究は多い。Summers（1971）が行った実証研究の結果によれば、小型家電製品についての革新者は大型家電製品についても革新者であるが、家電製品と化粧品といった関連性の低い製品カテゴリー間ではこうした関係がほとんど見られなか

った。また、Goldsmith and Hofacker (1991) では、技術製品分野における革新者がファッション分野における革新者であるとは限らないことが示された。Goldsmith らは、自己報告によって領域固有の革新性を測定するための6項目からなる尺度を作成し、その信頼性と妥当性の確証を行っている。Citrin, Sprott, Silverman, and Stem (2000) は、インターネットの利用では、領域固有の革新性が直接的に採用行動に影響を与えることを明らかにした。Foxall の一連の研究においても、一般的な革新性と新製品採用行動との間に有意相関が見出されず、それらの関係は対象固有のものであり、製品に対する関与度によって変化することが明らかになった (Foxall 1988, 1995)。このように、カテゴリー間における比較を行った多くの実証研究において、革新性の領域固有性を支持し、一般的、抽象的な革新性の存在を反証する証拠が多く提出されている。

3．消費者の革新性の抽象度と多次元性

領域固有性を主張する見解に対して、一般的、抽象的な革新性を仮定する先行研究は、次のような見解を提示している。

第1は、革新性に抽象度による相違があると仮定する見解である。すなわち、抽象度の高い革新性から、より具体的な水準の革新性までの段階的な影響関係を仮定するのである。革新性に関する多くの先行研究では、革新性の抽象度の異なる変数どうしを比較してきたため、実証研究結果に相違が生じてきたといわれている (Goldsmith and Hofacker 1991)。

第2は、抽象度の高い革新性を単一の要因によって把握するのではなく、さらにその背後に複数の要因を仮定する見解である。

3-1．消費者の革新性の抽象度

採用行動に影響を与える要因はきわめて多様かつ複雑であるため、そもそも抽象度の高い一般的な革新性―例えば「最適刺激水準」や「認知欲求」等―と採用行動との直接的な関係を扱うことは困難であると考えられる。そこで、抽象度の高い革新性変数と採用行動との間に何らかの対象固有の要因を

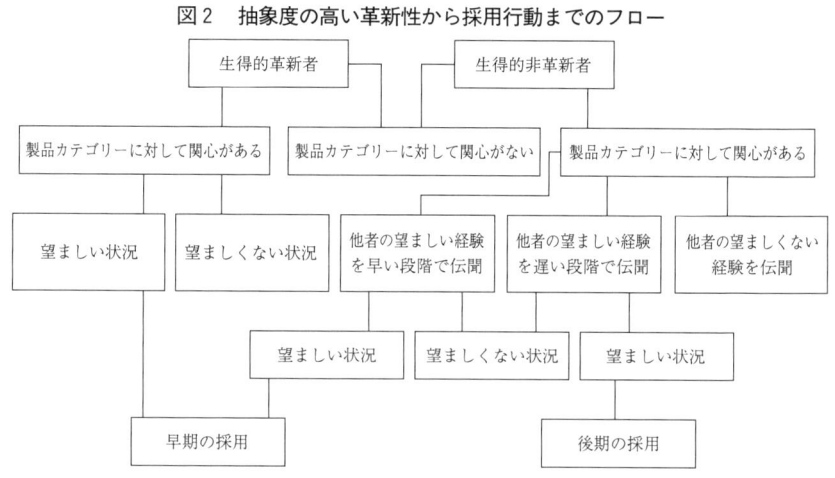

図2 抽象度の高い革新性から採用行動までのフロー

```
                    生得的革新者                    生得的非革新者
                   ／        ＼                  ／          ＼
  製品カテゴリーに対して関心がある    製品カテゴリーに対して関心がない    製品カテゴリーに対して関心がある
       ／      ＼                    ／      ＼                    ／      ＼
  望ましい状況  望ましくない状況   他者の望ましい経験   他者の望ましい経験   他者の望ましくない
                                を早い段階で伝聞   を遅い段階で伝聞    経験を伝聞
                                      │                │
                                 望ましい状況     望ましくない状況     望ましい状況
       │                              │                                  │
    早期の採用                                                         後期の採用
```

Midgley, D. F. and G. R. Dowling (1978), "Innovativeness: The Concept and Its Measurement," *Journal of Consumer Research*, 4 (4), p. 236, Figure C を修正。

媒介変数として介在させるアイデアが Midgley and Dowling (1978) によって提案された。彼らは、革新者の抽象度によって、「一般的な特性としての革新性 (generalized trait innovativeness)」、「製品カテゴリー固有の革新性 (product category specific innovativeness)」、「単一製品固有の革新性 (single product specific innovativeness)」という3つの種類の革新性を仮定し、製品カテゴリー固有の革新性や単一製品固有の革新性が「一般的な特性としての革新性」すなわち「生得的革新性 (innate innovativeness)」とある領域における革新的行動とを媒介するとした。最も抽象度の高い「生得的革新性」から採用行動に至るまでの各段階の直線的なフローが想定されている (図2)。

　彼らの見解は、生得的革新性と採用行動との直接的な関係を否定するという重要な示唆を提供している反面、次のような限界をもつ。まず、製品カテゴリーへの関心の高さが早期の採用にとって必須の条件になっている点である。製品カテゴリーに対する関心がそれほど高くなくても、「目新しいから」、「物珍しいから」といった理由のみによって、カテゴリーに対する関心が低いにも関わらず製品やサービスの購買が行われるかもしれない。第2に、Midgleyらが提唱したフローを実証した研究は、現在までのところは

とんど見られない。

　Manning, Bearden and Madden（1995）は、抽象的、一般的な革新性から採用行動までの複数の段階からなる直線的なフローを描いたモデルを提起し、実証研究によってその妥当性を確保している。このモデルは、最も抽象度の高い変数として「消費者新奇性追求（consumer novelty seeking）」を配し、以下「実現された新奇性追求（actualized novelty seeking）」、「新製品の認知（new product awareness）」、「新製品の試用（new product trial）」の順に影響関係を仮定している。Manningらによれば、消費者新奇性追求は製品やサービスといった企業のマーケティング提供物に限定した新奇性追求を指し、Hirschman（1980）の提唱する「生得的新奇性追求」よりも抽象度が低い。また、「消費者独立判断」が「新製品の試用」に対して直接的な影響を与えることが示されている。

　Midgleyらの理論化と同様に、Manningらのモデルは革新性に抽象度における相違を認め、生得的革新性と採用行動との間にいくつかの段階の革新性変数を介在させることによって、一連の仮定を整合的に説明している。しかしながら、抽象度の高い革新性が情報取得後の過程—知覚や評価など—に対して直接的に与えると思われる影響を無視していること、新しい製品やサービスについての情報を取得する可能性を示す「新製品の認知」と採用行動との間の関係がきわめて単純化されていること、を問題点として指摘することができる。

　Hirschmanは、Midgleyらが提起した「実現された革新性（actualized innovativeness）」を、新しい製品および消費状況についての情報の獲得を表す「代理的革新性（vicarious innovativeness）」と、新しい製品を実際に採用することを指す「採用革新性（adoptive innovativeness）」とに分類している。

　これらのことから、①最も抽象度の高い「生得的新奇性追求」（Hirschman 1980）、②製品やサービス分野に限定された心理的傾向である「消費者新奇性追求」（Manning et al. 1995）、③情報探索の傾向を示す「実現された新奇性追求」（Hirschman 1980, Manning et al. 1995）、④情報獲得の可能性を示す「代理的革新性」（Hirschman 1980）の順で抽象度の低下と影響関係を仮定することができる。ただし、①「生得的新奇性追求」と②「消費者新奇性追求」との

関係については検証されていない。

3-2. 生得的革新性の多次元性

　伝統的には、最も抽象度の高い生得的革新性を一次元的に捉える見解が多くみられた。これに対して、生得的革新性を多次元的に捉えることによって、従属変数に対する説明力を向上させることができると考えられる。現在のところ、生得的革新性を複数の次元で捉える研究は少ないが、生得的革新性を認知的側面と情緒的、感覚的側面の2要因によって説明しようとする見解が見られる。最初に生得的革新性の2要因説を明確に提示したのは、Venkatraman and Price (1990) である。彼らは、Pearon (1970) が提起した「NES (novelty experiencing scale)」という尺度にもとづいて、「認知的経験」および「感覚的経験」に対する欲求を測定した。

　この尺度は、「外的感覚 (external sensation)」、「内的感覚 (internal sensation)」、「外的認知 (external cognition)」、「内的認知 (internal cognition)」という4つの下位尺度と80項目から構成されている。外的感覚的革新性は、「『スリルのある活動』に対する活動的、身体的参加を好む(嫌う)傾向」と定義される。内的感覚的革新性は、「内面に生成された通常とは異なる夢想 (dream)、空想 (fantasy)、感情 (feelings) の経験を好む(嫌う)傾向」をいう。外的認知的革新性は、「新しい事実あるいは事物の仕組み (how things work) を見つけ出すこと、および新しい物の扱い方を学習することを好む(嫌う)傾向」と定義され、「新しく学ぶこと」に対する好悪を表す概念である。最後に、内的認知的革新性は、「説明的原則 (explanatory principles) および認知的図式 (cognitive schemes) に焦点を当てた通常とは異なる認知過程を好む傾向」と規定され、「考えること」への好悪の傾向に関係している。これらの尺度はPearson自身によって、内的整合性による信頼性の確証、認知的革新性と感覚的革新性の測定における表面的妥当性および内容的妥当性の確証が行われている。

　しかしながら、①測定尺度の項目数が非常に多いこと、②「内的」または「外的」という区別については妥当性の検証が行われていないこと、③他の尺度との弁別的妥当性や収束的妥当性の検証がなされていないこと、等が問

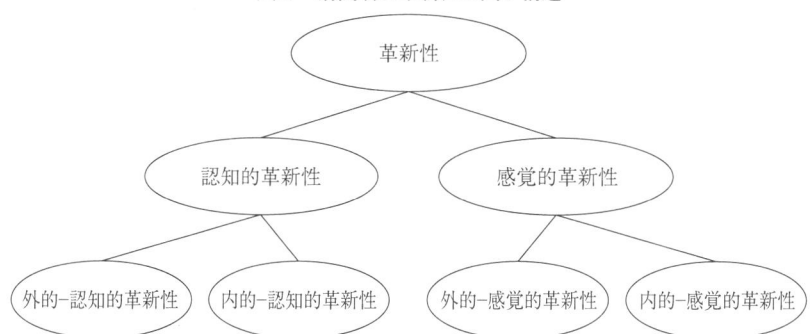

図3　消費者の革新性の因子構造

```
                          革新性
                         /      \
                認知的革新性      感覚的革新性
                /      \          /      \
        外的-認知的   内的-認知的   外的-感覚的   内的-感覚的
          革新性       革新性       革新性       革新性
```

Venkatraman, M. and L. Price (1990), "Differentiating between Cognitive and Sensory Innovativeness Concepts, Measurements and Implications," *Journal of Business Research*, 20 (4), Figure 1 を修正。

図4　認知欲求および変化欲求にもとづく革新的行動の4類型

		変化欲求	
		高	低
認知欲求	高	思考・変化型 (thinkers and changers)	思考・非変化型 (thinkers but not changers)
	低	非思考・変化型 (changers but not thinkers)	非思考・非変化型 (neither thinkers nor changers)

Wood, S. and J. Swait (2002), "Psychological Indicators of Innovation Adoption: The Interaction of Need for Cognition and Need for Change," *Journal of Consumer Psychology*, 12 (1), p. 4, Figure 1 を修正。

題点として指摘されている (Venkatraman and Price 1990)。これに対して、Venkatraman らが Pearson の尺度にもとづいて新たに尺度を構成し、実験データを使用して因子構造の推定を行った結果、Pearson による仮定を支持するような因子構造が明らかになった (図3)。

Wood and Swait (2002) は、「認知欲求」および「変化欲求 (need for change)」を消費者の採用行動に影響を与える構成概念とした。彼らは、2つの次元によって消費者を4つの類型に区分した (図4)。さらに、潜在クラス・モデル (latent class model) を使用して、この4類型が通信サービスの利用に関する実験データのセグメンテーション構造を説明できることを示した。Wood らは、変化欲求を「人々が新奇性やイノベーションを本来的に価値があるとみ

なす程度」と定義し、「革新性要因尺度」(Craig and Ginter 1975)、SSS (Zuckerman 1979)、「消費者行動における探索傾向尺度」(Raju 1980)、「使用革新性尺度」(Price and Ridgeway 1983) といった最適刺激水準の測定尺度を使用して新たに尺度を作成している。

Venkatraman and Price (1990) および Wood and Swait (2002) は、抽象的、一般的な革新性を多次元的に捉えるという視点を提供したという点において示唆的であるといえる。

3-3. 本節での結論

以上の議論から、本章では、次のような結論を導き出すことができるであろう。

第1に、抽象度の高い革新性をいくつかの次元に分解することによって、従属変数に対する説明力を向上させることが期待される（表1）。前項での議論から、抽象度の高い革新性は、少なくとも2つの次元―認知的側面における革新性と感覚的側面における革新性―に分解することが可能であろう。

第2に、抽象度の高い生得的な革新性によって直接的に採用行動を予測するのではなく、革新性の抽象度の高低を識別することによって、革新性の説明力を向上させることができるであろう。例えば、抽象度の高い変数から消費者の情報処理過程の各側面―情報探索、情報取得、評価―を予測することも期待される。Wood and Swait (2002) は、高認知欲求セグメントに分類される消費者は考慮する製品属性数が相対的に多いことを明らかにしており、このことは革新性が評価の側面に影響を与える可能性を示唆している。

4. むすび

本章での議論を要約すれば、次のとおりになる。消費者の革新性に関する研究では、消費者のイノベーション採用過程に影響を与える心理的傾向および行動的傾向の存在を仮定し、それに関係するさまざまな概念と尺度が開発されてきた。しかしながら、いくつかの実証研究において、製品やサービスのカテゴリーを横断した一般的な傾向を仮定することが困難であるという証

4. むすび

表1 認知的側面における革新性と感覚的側面における革新性

革新性概念	マーケティングにおける主な研究
認知的側面における革新性	
認知欲求	Inman, McAlister, and Hoyer (1990) Inman, Peter, Raghubir (1997) Mantel and Kardes (1999) Nowlis, Kahn, and Dhar (2002) Roehm and Sternthal (2001) 神山・藤原 (1994) Wood and Swait (2002)
認知的革新性 外的認知的革新性 内的認知的革新性	Venkatraman and Price (1990)
感覚的側面における革新性	
変化欲求	Wood and Swait (2002)
最適刺激水準	Raju (1980) Steenkamp and Baumgartner (1992)
感覚的革新性 外的感覚的革新性 内的感覚的革新性	Venkatraman and Price (1990)
新奇性追求	Hirschman (1980) Manning, Bearden and Madden (1995)

筆者作成。

拠が明らかにされた。これに対し、本章では、①抽象度の高い革新性をいくつかの次元に分解すること、②抽象度の高い生得的な革新性によって直接的に採用行動を予測するのではなく、革新性の抽象度の高低を識別することによって革新性の説明力を向上させることが期待される、と論じた。

第 9 章　製品またはサービスの市場導入における ブランディングの論理

　前章まで、新規の製品やサービスの市場導入時における消費者の反応に焦点を当てて論じてきた。本章では、市場導入される製品やサービスとブランドとのかかわりについて述べる。

　新規の製品やサービスの市場導入に際して、マーケターは必然的にブランディングに関する重要な意思決定―既存のブランドを使用するか、新規のブランドを採用するか、既存のブランドを付与するとすればどのブランドを用いるかについての決定―を行わなければならない。

　本章では、先行研究の成果にもとづいて、製品やサービスの市場導入時におけるブランディングの論理を整理する。本章で取り上げる個々の理論や概念は、既に多くの論者によって検討されている。しかしながら、「新規の製品やサービスの市場導入時におけるブランディング」という視点でこれらを体系的に整理したものは少ない。

　次節では、静態的視点にもとづくブランディングの論理、すなわち、個々のブランドと新規の製品またはサービスとの個別的整合性にもとづくブランディングの論理、および企業が保有する複数のブランドと新規の提供物との全体的整合性にもとづく論理をそれぞれ整理する。第 2 節では、ブランドの成長、育成といった動態的視点によるブランディングの論理について論じる。第 3 節において、ブランドと顧客との「関係」にもとづくブランディングの論理を整理する。

　なお、本章の第 3 節では、「関係」概念を、前章までに用いてきた「関係」とは異なる意味で用いている。

1．静態的視点によるブランディング

1-1．個別的整合性にもとづくブランディング

　新規の製品やサービスの市場導入時におけるブランディングの問題に対しては、伝統的に「ブランド拡張（brand extension）」概念が適用されてきた。

　一般に、ブランド拡張の議論では、既存のブランドと新規の製品またはサービスとの「適合（fit）」の程度を基準として、ブランド拡張の可否を判断するといった理論的枠組が採用されてきた（表1）。

　ここでは、個々の既存ブランドと新規の製品またはサービスとの適合性を、次項で述べる「全体的整合性」に対比させて、「個別的整合性」と称することにする。個別的整合性にもとづくブランド拡張は、肯定的な結果だけでなく、望ましくない結果をもたらすこともある。先行研究を概観すれば、

表1　ブランド拡張における「適合（fit）」に関する主な知見

研究名	内容
Aaker and Keller (1990)	適合に対する消費者の評価は、拡張先製品の補完性（complementarity）、代替性（substitutability）、移転可能性（transferability）の3つの要因によって決定される。
Broniarczyk and Alba (1994)	適合は、機能的類似性だけでなく、抽象的な便益の関連性にももとづく。当該ブランド固有の連想が拡張に対する評価に影響を与える。
Mao and Krishnan (2006)	適合には、ブランドの抽象的な「原型（prototype）」との適合と、そのブランドが付与された既存製品との適合の2種類がある。前者はより多くの認知的資源を要する「トップ・ダウン（top-down）」の過程によって、後者は認知的資源をそれほど要しない「平行的（parallel）」な過程によって、それぞれ判断される。
Park, Milberg, and Lawson (1991)	適合は、具体的な機能的特徴と抽象的な象徴的特徴の両方にもとづいて知覚される。
Zhang and Sood (2002)	適合には、属性の類似性のような「深い」特徴にもとづくものと、韻を踏んだブランド名のような「表面的な」特徴にもとづくものとがある。

筆者作成。

ブランド拡張の長所と短所を、消費者に対する影響、流通業者からの反応、コスト、新規ブランドの開発機会の4つの次元を用いて、概ね表2のように整理することができるであろう[1]。製品やサービスの市場導入に際しては、これらの長所、短所を総合的に考慮し、既存ブランドを付与するか、新規のブランドを立ち上げるかを判断することになる。

表2 ブランド拡張の主な長所と短所

ブランド拡張の長所	ブランド拡張の短所
・消費者に対する肯定的な影響 　➢ 知覚リスクの低減 　➢ 情報処理（注意、情報取得、評価、選択など）コストの低減 　➢ 多様性追求の機会の提供	・消費者に対する否定的な影響 　➢ ブランド・イメージに対する混乱
・新規の製品またはサービスから親ブランドへの肯定的な影響 　➢ ブランド連想およびブランド・イメージの強化、明確化	・新規の製品またはサービスから親ブランドへの否定的な影響 　➢ ブランド連想およびブランド・イメージの希薄化
・親ブランドから新規の製品またはサービスへの肯定的な影響 　➢ 新規の製品またはサービスに対する評価の向上	・親ブランドから新規の製品またはサービスへの否定的な影響 　➢ 新規の製品またはサービスに対する評価の低下
・流通業者からの肯定的な反応	・流通業者からの否定的な反応
・コストの節減 　➢ 新規ブランドの開発にかかわるコストの節減 　➢ 製造コストの節減 　　（同一または類似のパッケージやラベルの使用などによる製造コストの節減） 　➢ 流通チャネル確保のためのコストの節減 　➢ プロモーションにかかわるコストの節減	
	新規ブランドの開発機会の見逃し

筆者作成。

1-2．全体的整合性にもとづくブランディング

　ブランド研究では、「ブランド・アーキテクチュア（brand architecture）」「ブランド・ポートフォリオ（brand portfolio）」といったように、企業が保有するブランド全体に関わる概念が見られる。これらの概念は複数のブランド間の関係、および関係の総体としての体系や構造に焦点を当てるものである。2005年以降、ブランド体系を主題にした研究がいくつか見られるようになってきた[2]。Morgan and Rego (2009) は、企業のブランド・ポートフォリオ戦略の特性と企業のパフォーマンスとの関係をデータにもとづいて明らかにしている。Bahadir, Bharadwaj, and Srivastava (2008) は、M&Aにおける買収企業および被買収企業の特性が被買収企業のブランド価値に与える影響を検証し、両企業のマーケティング能力と被買収企業のブランド・ポートフォリオの多様性が被買収企業のブランド価値に正の影響を与えることを明らかにした。Aribarg and Arora (2008) は、企業が自社の複数のブランドをまとめて行う全社レベルのプロモーション（ブランド・ポートフォリオ・プロモーション）の効果を測定するためのモデルを提示した。

　Kapferer (2008) は、「ブランド化された家（branded house）」と「ブランドの家（house of brands）」を両極に設定した次元によって、ブランド・アーキテクチュアの類型化を試みている。「ブランド化された家」は、親ブランドがもつパワーは強いが、要素となる個々の製品の差異化や個別化の程度が低いようなブランドの集合をいう。Kapfererによれば、「ブランド化された家」のブランド・アーキテクチュアは「凝集性（coherence）」（アーキテクチュア全体のまとまりのよさ）が高く、要素となるブランド、製品、サービスどうしの類似性が高いという。後者の「ブランドの家」は、前者とは反対に、親ブランドがもつパワーが小さく、個々の製品の差異化や個別化の程度が高いようなブランドの集合のことをいう。Kapfererは、この次元にブランドの階層をどのように設定するかという次元を加えて、ブランド・アーキテクチュアの類型化を行っている（図1-1）。一般に、「ブランド化された家」においては下位のブランド、製品、サービスが上位のブランドの支援を受けることができるため、「ブランド化された家」のほうが「ブランドの家」よりも効率的であるといえる。Kapfererによれば、ブランド・アーキテクチュア

図1-1　6つの主なブランド・アーキテクチュア

	高自由度（ブランドの家） ←→ 高一貫性（ブランド化された家）		
	製品ブランド	傘ブランド	マスター・ブランド
1水準の ブランディング	ブランドA／ブランドB／ブランドC （企業名は出さない）	ブランドまたは企業名 → 製品／製品／製品	ブランドまたは企業名 → 製品／製品／製品
	メーカーの目印	推奨ブランド	源泉ブランド
2水準の ブランディング	企業名 ブランドA	ブランドA／ブランドB 企業名／企業名	ブランドまたは企業名 → サブ・ブランドA／サブ・ブランドB／サブ・ブランドC

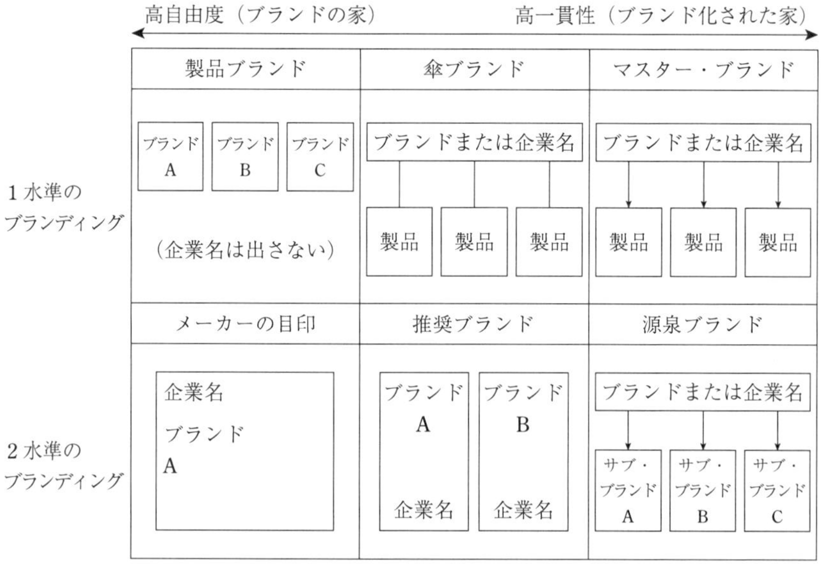

Jean-Noël Kapferer（2008）, *Strategic Brand Management 4th edition*, Kogan Page, p. 354, Figure 13. 2.

の主な類型の定義と特徴は次のとおりである。

　まず、「製品ブランド（product brand）」とは、個々の製品、および各製品のポジショニングに対応したブランド・アーキテクチュアである（図2）。企業名は消費者に対して表示されない。伝統的に日本企業によって採用されることが少なかった種類である。

　「傘ブランド（umbrella brand）」は、複数のブランド、関係会社、事業、活動、部門などが共通のブランドを冠するが、それぞれについて独自のマネジメントが展開されているようなブランド・アーキテクチュアである（図3）。この種類は日本の企業集団において典型的である。例えば、「三菱地所」と「三菱電機」との間に共通性や類似性は少ない。

　「メーカーの目印」は、下位ブランドとの間に意味的関連性がそれほどなく、かつ下位ブランド間の凝集性（まとまりのよさ）が相対的に低いようなものをいう。

　「マスター・ブランド（master brand）」は、このブランドを付与された個々

1．静態的視点によるブランディング

図1-2　ブランド・アーキテクチュアの例

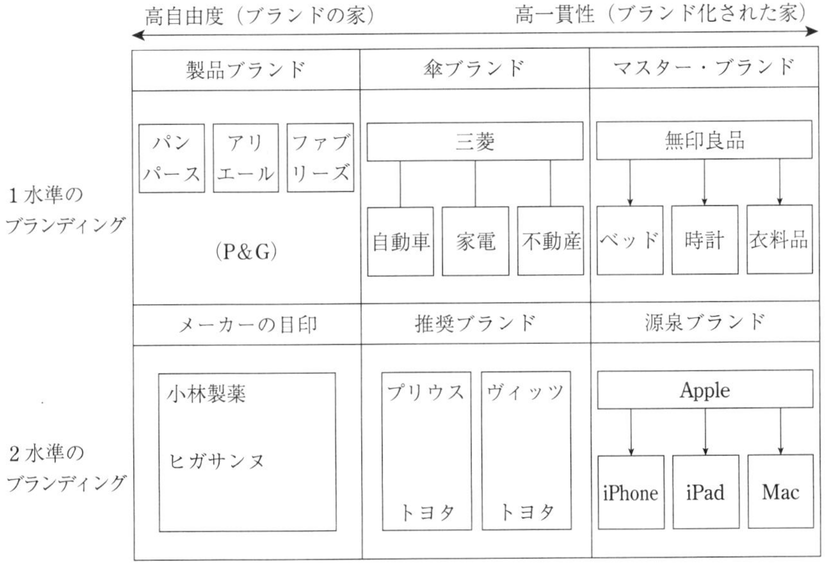

高自由度（ブランドの家）　　　　　　　　　高一貫性（ブランド化された家）

	製品ブランド	傘ブランド	マスター・ブランド
1水準のブランディング	パンパース／アリエール／ファブリーズ（P&G）	三菱 → 自動車・家電・不動産	無印良品 → ベッド・時計・衣料品

	メーカーの目印	推奨ブランド	源泉ブランド
2水準のブランディング	小林製薬／ヒガサンヌ	プリウス（トヨタ）／ヴィッツ（トヨタ）	Apple → iPhone・iPad・Mac

Jean-Noël Kapterer (2008), *Strategic Brand Management 4th edition*, Kogan Page, p. 354, Figure 13.2. を参考に筆者が作成。

の製品の「準拠枠（frame of reference）」を提供するようなブランド・アーキテクチュアをいう（図4）[3]。「無印良品」は典型的な例であろう。

「源泉ブランド（source brand）」は、製品がそれぞれ独自のブランド名をもつという点以外はマスター・ブランドと同じである（図5）。

ブランド体系の考え方によれば、新規の製品やサービスの市場導入において、企業が保有する複数のブランド全体の整合性を基準としてブランディングを行うことが要求される。具体的に言い換えれば、個々のブランドがブランド体系全体に対して与える影響（個々のブランドの体系全体における役割）、および体系全体が個々のブランドに対して及ぼす影響を把握し、それらにもとづいて適切なブランドを選択しなければならない。

図2　製品ブランド

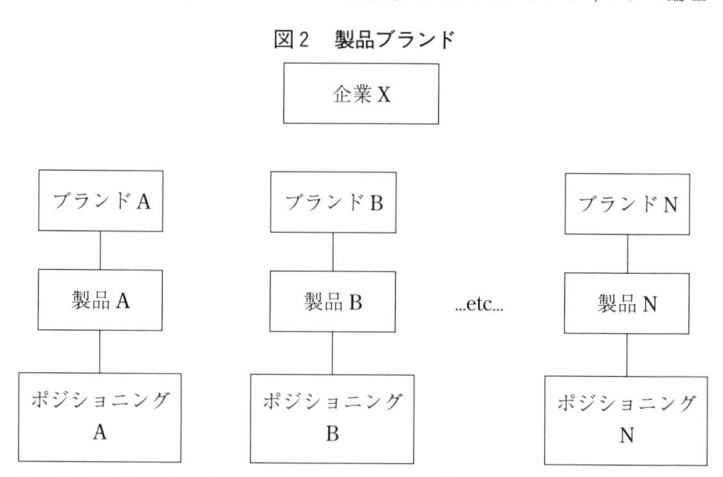

```
            企業 X

  ブランド A    ブランド B         ブランド N

   製品 A      製品 B    ...etc...   製品 N

 ポジショニング  ポジショニング      ポジショニング
     A           B                    N
```

Jean-Noël Kapferer（2008）, *Strategic Brand Management 4th edition,* Kogan Page, p. 356, Figure 13. 3.

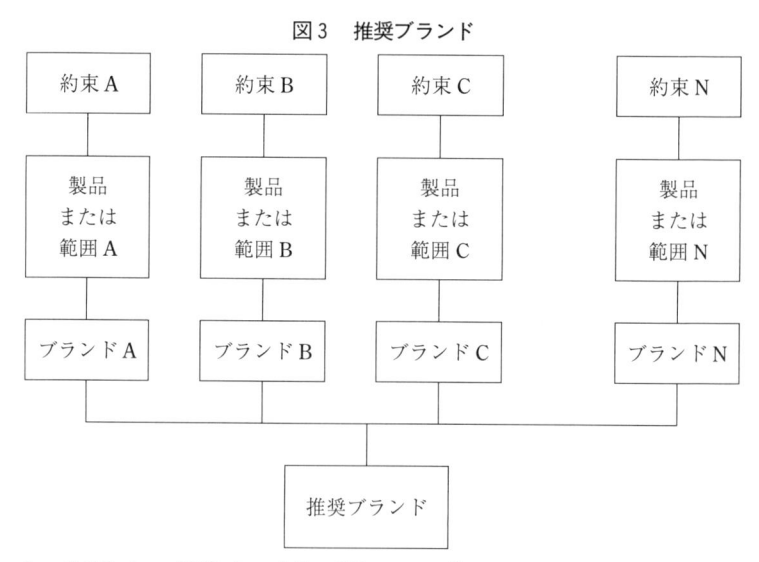

図3　推奨ブランド

```
  約束 A     約束 B     約束 C        約束 N

  製品       製品       製品          製品
  または     または     または        または
  範囲 A     範囲 B     範囲 C        範囲 N

 ブランド A  ブランド B  ブランド C    ブランド N

              推奨ブランド
```

Jean-Noël Kapferer（2008）, *Strategic Brand Management 4th edition,* Kogan Page, p. 363, Figure 13. 6.

1．静態的視点によるブランディング　　*145*

図4　傘ブランド

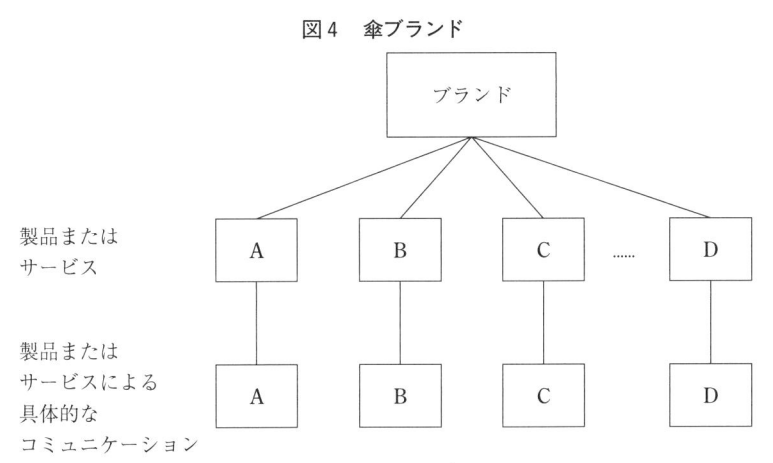

```
                    ブランド
          ┌──────┬──────┼──────┬──────┐
製品または   A      B      C   ……    D
サービス

製品または
サービスによる
具体的な      A      B      C         D
コミュニケーション
```

Jean-Noël Kapferer（2008），*Strategic Brand Management 4th edition*, Kogan Page, p. 364, Figure 13.7.

図5　源泉ブランド

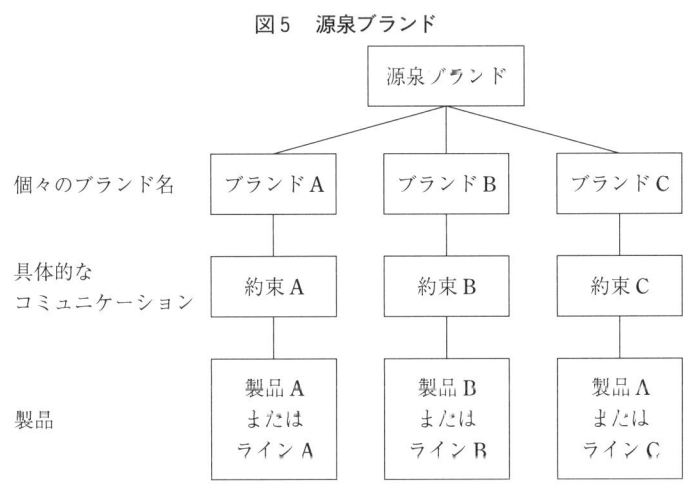

```
                  源泉ブランド
          ┌────────┼────────┐
個々のブランド名  ブランドA  ブランドB  ブランドC

具体的な
コミュニケーション  約束A     約束B     約束C

                  製品A     製品B     製品A
製品              または    または    または
                  ラインA   ラインB   ラインC
```

Jean-Noël Kapferer（2008），*Strategic Brand Management 4th edition*, Kogan Page, p. 367, Figure 13. 8.

2. 動態的視点によるブランディング
―ブランド・アイデンティティの構築と育成―

前節では、一定時点におけるブランドと製品またはサービスとの関係、ブランド間の関係、さらには関係の総体としての体系や構造について考察した。

ブランド研究では、時間の経過にともなうブランドの成長、育成といったブランド・マネジメントの動態的側面についてもこれまで活発な議論が展開されてきた。本節では、このような動態的視点にもとづく市場導入時のブランディングについて検討する。

Kapferer (2008) は、「ブランド・アイデンティティ」の強化と多様性の増大とを対立的に捉えている（図6）。彼によれば、特定のブランドが多様な製品、サービスを横断して付与されればアイデンティティが希薄化し、ブランドのパワーが低下する。逆に、あるブランドが同一の、または類似した製

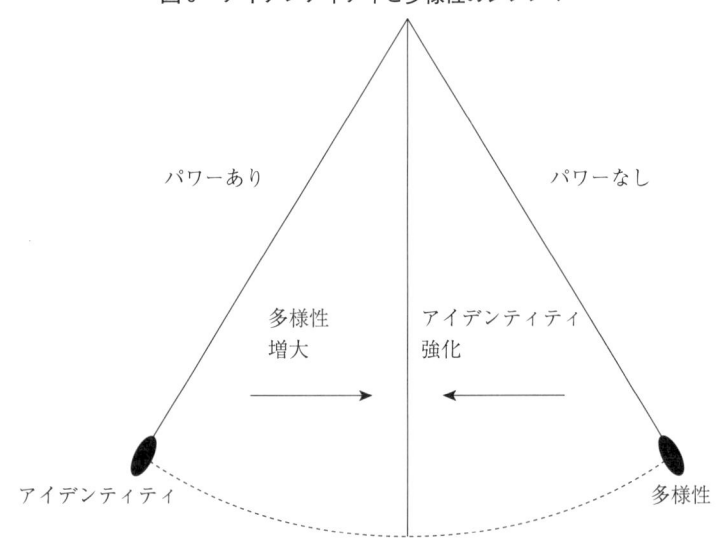

図6　アイデンティティと多様性のジレンマ

Jean-Noël Kapferer (2008), "Strategic Brand Management 4th edition," Kogan Page, p. 271, Figure 11. 1.を修正。

品やサービスに付与され、同様のメッセージが消費者に対して反復的に提示されればアイデンティティが強化され、ブランドがもつパワーが増大する。Kapfererは、ブランド・マネジメントは本質的にアイデンティティと変化とのジレンマを内包すると述べている。アイデンティティの形成と維持は同様のメッセージを反復することによって実現される。しかしながら、同様のメッセージを単に反復することは消費者を退屈させ、ブランドに対する評価を低下させてしまう可能性があるため、何らかの新しい刺激を消費者に与えることが必要である。そこで多様なメッセージを消費者に送り、変化を生じさせなければならない。

Kapfererの所説に依拠すれば、新規の製品やサービスの市場導入の際、ブランド・アイデンティティの維持や強化を目的とするのであれば、ブランドと製品またはサービスとの間の整合性が相対的に高いほうがよいであろう。逆に、ブランドに対して変化を求めるのであれば、両者間の整合性は相対的に低いほうが望ましいと考えられる。

石井（1999）はブランドの指示対象の多様化がむしろより高次のブランド価値―ブランド・アイデンティティ―をもたらす過程を論じている（図7）。それによれば、ブランドはその導入時において特定の製品またはサービスを指示するが、やがてそれが製品やサービスを横断して機能や技術を指示するようになり、さらに機能や技術を横断して「スタイル」や「コード」を指示する、といった発展過程をたどり、「絶対的な本来的価値」としての「ブランド・アイデンティティ」に限りなく接近するという。このように指示対象が多様化するにともなって、ブランドがもつ「意味」が深まり、新しい「意味世界」が創り出される（図7）。石井の論じる「ブランド・アイデンティティ」とは、「普遍的統一性」と「他からの差異性」という2つの性質をもつ、時間と空間を超越した実在である。

注意しなければならないのは、石井がKapfererとはやや異なるニュアンスで「ブランド・アイデンティティ」概念を用いていることである。Kapfererの「ブランド・アイデンティティ」も「統一性」や「差異性」といった意味合いを含んでいるが、石井が論じるような「意味」の深化、時間と空間を超越した「絶対的な本来的価値」といったニュアンスをもたない。

図7　ブランドの発展

意味の深さ

∞（ペグ）
メタ・フィロソフィ名
フィロソフィ名
スタイル名
関係名
名前の自立

指示対象の多様性

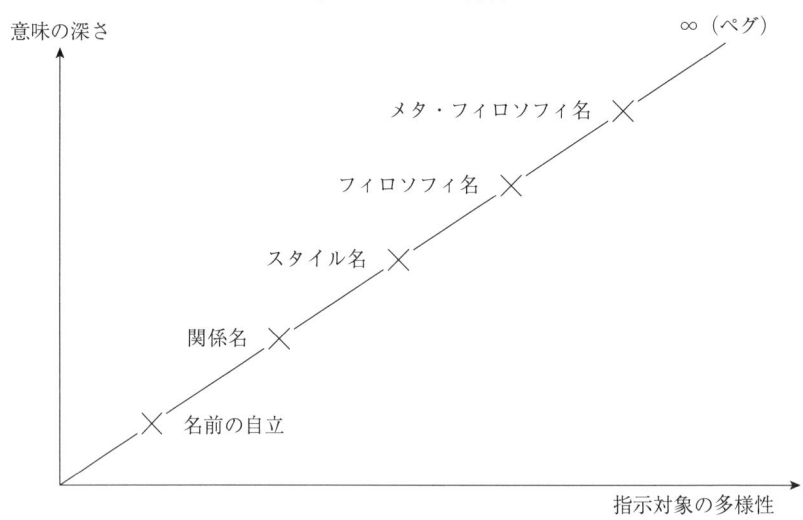

石井淳蔵（1999）『ブランド価値の創造』岩波書店、p. 133、図4-8。

　石井は、このような「意味」の深化によるブランドの成長、発展は、「命がけの跳躍」をともなう不確定なものであると論じており、それゆえに、新規の製品またはサービスに対するブランディングのあり方についての具体的な示唆を提示していない。しかしながら、一部のブランドがたどる不確実な成長過程の本質を捉えているといえるであろう。

3．ブランドと顧客との「関係」

3-1．意味の付与と差別化

　近年、あらゆる消費財カテゴリーにおいて価格以外の側面での差別化が困難になるという「コモディティ化」が進行しているという（恩蔵 2007）。それにともなって、ブランドに付与された意味によって差別化を行うことが、以前にくらべて容易ではなくなってきている。

　池尾（1999）は、現代の消費者の特性とブランドの役割について次のように論じている（図8）。一般に、高度経済成長期における日本の消費者は「未

図 8　消費者の購買類型とブランドの役割

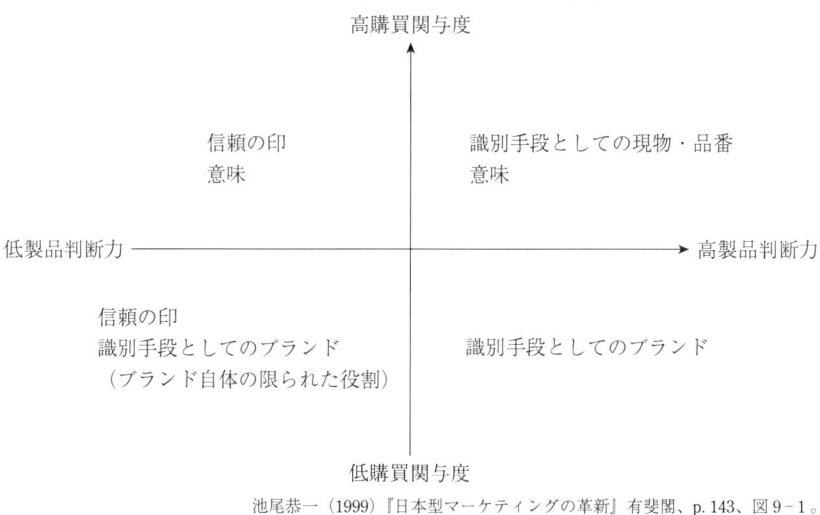

```
                        高購買関与度
                             ↑
          信頼の印            │   識別手段としての現物・品番
          意味                │   意味
                             │
低製品判断力 ─────────────────┼─────────────────→ 高製品判断力
                             │
          信頼の印            │
          識別手段としてのブランド │   識別手段としてのブランド
          （ブランド自体の限られた役割） │
                             │
                        低購買関与度
```

池尾恭一（1999）『日本型マーケティングの革新』有斐閣、p.143、図9-1。

熟だが関心が高い消費者」（製品判断力が低く、関与度が高い消費者）であり、それがゆえに「リスク回避志向」と「人的情報源の重視」という2つの特性を有していた。ブランディングとのかかわりにおいてより重要な「リスク回避志向」は、派生的に「企業名ブランド志向」と「想起集合へのこだわり」という行動的特性をもたらした。消費者によって重視された企業名ブランドは「信頼の印」としての役割をもち、「識別手段」としての役割は相対的に小さかった。ところが、高度経済成長が終了し、安定成長期に入ると、消費者の製品判断力は向上し、関与度は低下した。製品判断力が高まった結果、消費者は自ら製品について判断することができるようになり、「信頼の印」としての役割が低下し、代わって「識別手段」としてのブランドの役割が増大した。さらに、関与度の低下によって、「意味」としての役割が縮小した。

したがって、一般に、現代の消費者はブランドの「意味」にそれほど鋭く反応しない傾向にある[4]。

社会学者の間々田孝夫は、モノに対する意味の付与が購買や消費に必ずしも強力に結びつかないことを指摘している（間々田 2005）。

再三述べてきたように、消費社会の成熟とともに、モノはさまざまな文化的意味合いを付与されるようになった。
　その中には、記号論的消費論でしばしば強調されてきた他者との差異の演出やアイデンティティの表示といった意味ももちろん含まれる。しかしその他にも、モノを集めることによる達成感（コレクション）、モノへのフェティシズム的愛着（クルマや高級ブランド品）、モノの取捨選択と配置を通じた美意識の具象化（インテリア）、モノを探す過程の狩猟や採取に似た興奮（ショッピング）など、モノはさまざまな意味を担うことになった。モノは、消費社会の成熟とともに、実質的な機能以外の、多彩で複雑な意味を付与されるようになったのである。
　しかし、（中略）そのことは必ずしもモノがより強く求められ、より多く消費されることを意味しなかった。モノに対して過剰なほどの意味づけをしながら、消費者は必ずしもその意味を購買行動に結びつけなくなった。
　いったん買うと決めたからには、デザインがよい、変わっている、人と差をつけられるなど、さまざまな意味合いを考えた上で買物をするようになったが、だからといって、そのモノをより多く買うようになったわけではなかった。そのため、企業側が多くの意味を担わせようと躍起になったにもかかわらず、消費が頭打ちになった消費分野が数多く出現してしまった。
　モノにさまざまな意味を付与することと、そのモノの種類に高い価値を与え、それを多く求めるということは別のことであり、一致することのほうが少ない。モノが単純な機能的意味を持っていた時代とは違って、最近ではこのような分離傾向が次第にはっきりしてきた。
　また、消費全体の動向としては、消費者がモノよりもモノ以外の消費、あるいは消費以外の価値に関心を向ける傾向が次第に強まってきた。消費者は個別のモノに対しては過剰なまでの意味を付与するようになったが、モノ全体については、むしろ相対的に軽く扱うようになった。
　　　　間々田孝夫（2005）『消費社会のゆくえ　記号消費と脱物質主義』

　松井（2000）は、マーケティング研究における消費社会の「進歩主義的理解」—消費主義の実現を肯定的に捉えること—を批判している。消費主義とは、「自己実現の手段として消費を捉える」考え方をいう。彼によれば、「進歩主義的理解」の背後には、①消費者の欲求の高次化、②欲求の多様化、③商品の機能や性能から記号や意味への消費対象の移行、④企業が消費者に画

一的な商品を強制的に購買させたり、欲求を操作することが不可能になった、という4つの変化が想定されている。松井は、確かに現代社会において記号や意味の消費という手段を用いて自己実現を図る傾向が強まったが、自己実現の手段が労働から消費へと全面的に代替したのではなく、むしろ記号や意味の消費が自己実現の手段の1つとして加わったと考えるべきである、と論じている。すなわち、消費者が商品に付与された意味を消費することによって自己実現を図るという図式は、それほど一般的な形態ではないといえる。

　以上の論者の議論から、現在、単にブランドに対して外的に意味を付与し、差別化を行うことが、購買の実現に必ずしも結びつかないことがうかがえる。

3-2．ブランドと顧客との「関係」

　前項では、一般的に現代の消費者はブランドや商品の「意味」をそれほど重視するわけではなく、「意味」が購買や消費を増大させることはむしろ限定的であり、したがって、企業が「意味」による差別化をコモディティ化から脱却するための手段として用いることは、以前より困難になってきていることを指摘した。

　これに対して、近年では、関係性パラダイムに依拠して、ブランドと顧客との「関係」を重視したブランド・マネジメントの論理が多くの論者によって展開されている。関係を強調する見解では、ブランドの意味による差別化を第一義に捉えるのではなく、ブランドと顧客との関係を構築、育成し、関係を基盤としてブランド・ロイヤルティの獲得、コモディティ化からの脱却を図る、という図式が強調される。

　Keller (2003) は、ブランド・エクイティの構築を目的とした「ブランド・エクイティ・ピラミッド」を提唱し、ブランド・エクイティの構築方法を次のような4つの段階に分解して論じている[5]。最初の段階が「ブランドの顕著性 (salience)」、すなわちブランド認知を確立する段階である。次の段階が、「ブランド・パフォーマンス」と「ブランド・イメージ」である。前者は、そのブランドが付与された製品またはサービスの機能的パフォーマン

スを向上させる段階である。後者は、使用者のプロフィール、購買状況と使用状況、パーソナリティと価値、歴史、伝統、経験などについての強く、好ましく、独自性の高い連想を形成する段階である。3番目の段階が、「ブランドについての判断 (judgment)」と「ブランドへの感情 (brand feeling)」であり、「ブランド・パフォーマンス」、および「ブランド・イメージ」に対する顧客の望ましい反応を引き出す段階である。そして、最後の段階が「ブランドとの共鳴 (brand resonance)」であり、顧客との関係の構築、維持、育成の段階である。ブランド・エクイティ構築過程における最終的な到達段階である「共鳴」段階では、ブランドと顧客との間に固有な関係、言い換えれば、他のブランドとの代替が不可能な、または困難な関係が形成され、維持、育成される。

　消費者行動研究においても、近年では、ブランドと消費者との関係をブランドに対する「態度 (attitude)」ではなく、「愛着 (attachment)」という構成概念によって捉えることが提唱されている (Keller 2003, Park, MacInnis, Priester, Eisingerich, and Iacobucci 2010 など)。Park ら (2010) は、ブランドへの愛着を、「ブランドと自己との結合 (brand-self connection)」と「顕著性 (prominence)」の2つの次元で捉え、ブランド愛着尺度を作成し、その収束的妥当性と弁別的妥当性を確認している。

　Lam, Ahearne, Hu, and Schillewaert (2010) は、顧客の既存ブランドから新規のブランドへの切替に影響を与える要因を、機能的効用に関わる要因と心理的要因に分け、後者の心理的要因である顧客とブランドとの「一体化 (identification)」こそが、切替を防ぐことを示した。

　Fournier (1998) は、消費者とブランドとの関係の類型化を試みている (表3)。この類型化が示すように、ブランドと消費者との関係は多様である。Keller (2003) は、「ブランドとの共鳴」の4つの次元として、「行動上のロイヤルティ」、「愛着」、「コミュニティ意識」、「積極的な関わり」を提示しており、これらはブランドと顧客との関係の構築、育成に対する有効な指針となるであろう。

　では、新規の製品やサービスにおけるブランディングは、関係にもとづくブランド・マネジメントの論理によってどのように理解されるべきであろう

表3　消費者とブランドとの関係性の類型

関係性の形態	定義または特徴
親の取決めによる結婚	・第三者の選好によって押しつけられた非自発的な関係。 ・長期的、排他的なコミットメントを意図している。 ・ただし、情緒的な愛着の程度は低い。
ときどき顔を合わせる友人、仲間	・情動と親密性の程度が低い友人関係。 ・関わり合う頻度が低い。 ・互恵性や報酬に対する期待がない。
政略結婚	・長期的で、義務をともなう関係。 ・環境による影響、または慎重な選択によって促される関係。 ・満足化規則（satisficing rules）にしたがう。
約束された協力関係	・長期的で、自発的に形成され、社会的に支持された関係。 ・愛情、親密さ、信頼、逆境においても離れない義務。
親友	・自発的な関係。 ・互恵性の原則にもとづく。
限定的な友人関係	・特定の状況に限定的な、永続的友人関係。 ・他の友人関係よりも親密性が低い。 ・社会情緒的な報酬と相互依存性が高い。 ・「参入と退出」が容易。
親族関係	・血統による非自発的な関係。 ・例：自分の親が保有するブランドを保有する。
反発、回避による関係	・別のブランドから逃れようとするために形成されたあるブランドとの関係。 ・相手に魅力を感じて生じた関係とは正反対の関係。
幼少期の友人関係	・関わり合いの頻度が低く、情緒的な関係。 ・過去への追憶をもたらすような関係。 ・安心感を生み出す。
求婚	・協力関係の締結に至るまでの暫定的関係。
依存	・他のブランドに変更することができないという強迫観念に取りつかれた、きわめて感情的な関係。 ・そのブランドと離れることが不安をもたらす。
浮気	・短期的で、時間制限のある関係。 ・感情的な報酬をもとめる。 ・しかし、義務や互恵性はない。
敵意のある関係	・否定的な情動、回避したいという願望、相手に苦痛を与えたいという願望を特徴とする関係。
秘密の関係	・きわめて感情的で、個人的な関係。 ・他者に知られればリスクがあるとみなされる。
奴隷化	・完全に相手の願望によって支配された非自発的な関係。 ・否定的な感情を含むが、何らかの事情によって回避されずに形成された関係。 ・例：他に選択肢がないため、しかたなく特定のブランドを保持し続けるような関係。

Fournier, S. (1998), "Consumers and Their Brands: Developing Relationship Theory in Consumer Research," *Journal of Consumer Research*, 24 (4), p. 362, TABLE1 を修正。

か。近年、ブランド価値の顧客との「共創」がブランド研究において重視されている（例えば、和田充夫（2002）『ブランド価値共創』同文館出版や、青木幸弘編著（2011）『価値共創時代のブランド戦略』ミネルヴァ書房など）。「共創」概念を強調する研究では、価値が企業によって創造、提供されるものとは捉えられず、関係を基盤として提供物の価値が創造されることが主張される。すなわち、新規の製品やサービスの開発そのものが、関係にもとづくブランド・マネジメントの一環として行われるのであり、開発された製品やサービスに対して事後的に、あるいは外的にブランドが付与されるのではない。

本節で述べたように、現代の消費者は企業がブランドに付与した意味に対して強く反応せず、それゆえブランドに対する意味の付与はコモディティ化からの脱却や長期的な競争優位の獲得のための有力な手段になりにくい。それにともなって、今後、上記のような関係性パラダイムに依拠したブランド・マネジメントの論理の重要性がさらに高まるであろう。

なお、繰返しになるが、本章では、「関係」概念を、本書が提唱するイノベーションや革新性の関係論における「関係」とは異なる意味で用いている。

4．むすび

本章では、新規の製品またはサービスの市場導入におけるブランディングの論理を整理することを試みた。

先行研究によれば、市場導入時におけるブランディングに対して以下のような指針が有効であると考えられる。

第1に、個別的整合性を考慮しつつ、新規のブランドの採用か既存のブランドの採用を決定することである。

第2に、個別的整合性に加えて、全体的整合性をも考慮に入れたブランディングが求められる。第2節で詳述したように、新規の製品またはサービスのブランディングがブランド体系に対して与える影響、逆にブランド体系から個々の製品やサービスへの影響を明らかにしたうえで、ブランド体系全体の長期的利益を最大化するようなブランディングが望ましいといえる。効率

化という観点からは、「ブランドの家」ではなく「ブランド化された家」によるブランディングが望ましい。具体的には、既存の上位ブランドを冠し、その支援を受けること、上位ブランドに対して集中的に資源投入を行うことが基本的な方針となる。

第3に、ブランド・アイデンティティの構築と維持に対する貢献である。Kapferer（2008）によれば、ブランド・アイデンティティは特定の意味の反復的提示によって形成され、強化される。したがって、新規の製品またはサービスがブランド・アイデンティティを構成する反復された意味と適合するか否かが、ブランドを選択する際の判断の基準となる。

実際の市場導入時におけるブランディングでは、個々の状況に合わせてこれらの指針が複合的に参照されるべきであろう。

一方、ブランドと顧客との関係を強調する見解によれば、関係にもとづくブランド・マネジメントの一環として、企業と顧客との「共創」にもとづく製品やサービスの開発が行われる。

以上のように、本章では、市場導入される製品やサービスとブランドとのかかわりについて述べたが、ブランドの構築や育成にかかる長期的なコスト、競合企業との比較による経営資源の相対的な保有量、競争戦略との関係—例えば、Porter（1980）流の3つの基本戦略（コスト・リーダーシップ、差別化、集中）との関係—といった要因が考慮されていない。これらの要因は、そもそもブランド研究においてそれほど明示的に研究対象とされてこなかったといえるであろう。これらの要因とブランド戦略との関係については、今後のブランド研究における課題といえるであろう。

1　ここでは、Aaker（1991, 1996）、Keller（2003）等を参照した。
2　より包括的な論考として、Aaker（2004）、Kapferer（2008）が挙げられる。なお、「ブランド・アーキテクチュア」、「ブランド・ポートフォリオ」といった用語は、定義が曖昧なまま用いられたり、論者によって定義が異なることが多い。ここでは、これらの概念を「ブランド体系」と総称し、複数のブランド間の関係、あるいは関係の総体としての構造や体系という意味で用いる。
3　「準拠枠」については詳しい概念規定が行われていないが、ブランドが付与されたすべての製品が共通にもつ「意味」といったニュアンスで用いられている。

4 池尾自身が述べるとおり、上記の枠組はあくまで一般論であり、消費者、製品やサービスの種類、状況などによって消費者の製品判断力や関与度が異なるため、それにともなってブランドの機能も変化する。

5 Kellerによれば、消費者が記憶中に保有する「ブランド知識 (brand knowledge)」こそがブランド価値の源泉であり、ブランド知識は「ブランド認知 (brand awareness)」と「ブランド・イメージ」から構成される。ブランド認知は、それが高まることによって①想起集合に含まれる可能性が高くなる、②ブランド・イメージが確立されていなくてもブランドに対する好意度が上昇する、③ブランド名を起点としてさまざまな連想が形成される、という特徴をもつ。

第10章 補　論

　本書では、ここまで、新規の製品やサービスに対する消費者の相対的情報処理について論じてきた。本章では、消費者の相対的情報処理過程のさまざまな側面に関係する、「接近可能性―診断性」概念と「解釈水準理論」について論じる。これらは、ともに近年になって消費者行動研究に導入され、多くの研究で用いられるようになってきており、また、新規の製品やサービスに対する消費者の相対的情報処理にも深く関係する。

1．接近可能性―診断性

1-1．概要

　「接近可能性―診断性（accessibility-diagnostisity）」の概念は、Feldman and Lynch（1988）によって提唱され、それ以降、消費者行動研究においてきわめて多くの研究によって採用されている。Feldman and Lynch（1988）によれば、記憶中に貯蔵されたある情報が何らかの判断に資するものとして検索される可能性は、その情報の接近可能性と診断性によるという。
　接近可能性とは、消費者の記憶中の情報がある判断のためにどの程度容易に検索されうるかを表す概念である。接近可能性の程度は、記憶中の情報が精緻化されている程度、検索のための手がかり、他の連想による干渉、によって変化する。したがって、ある情報が記憶中から検索される可能性は、他の情報よりも相対的に活性化の程度が高いか否かによる。重要なことは、「接近可能性」概念が次のような基本的前提に依拠していることである。すなわち、消費者は「認知的倹約家（cognitive misers）」であり、ある判断のために記憶中のすべての情報を検索することができないため、最も接近しやすい情報を検索しようとする。
　一方、診断性は、消費者の記憶中の情報がある判断に関連している程度の

ことをいう。

　Feldman and Lynch (1988) によれば、記憶中のある情報が接近可能であり、かつ他の接近可能な情報よりも診断的であれば、その情報がそれより後に生じる情報検索に対するインプットとして用いられる。第3章で詳述したBettman et al. (1998) は、選択過程と記憶との間には相互作用があるとし、次のような主旨の命題を提起している。

- 選択過程（choice processes）は選択的（selective）[1]であり、かつ比較的であるため、選択過程そのものが記憶中に貯蔵されている選択肢に影響を与え、その記憶の体制化に影響を与える。逆に、記憶中の情報も選択過程の形式に影響を与える。
- 消費者は、他の外部情報源からの情報よりも記憶中の情報のほうが接近可能である程度、診断的である程度によって、それを選択に利用する。

　これら2つの概念のうち、接近可能性の重要性を特に強調する論者が、N. Schwartz、G. Menon、P. Raghubir などである。Menon and Raghubir (2003) は、Feldman and Lynch (1988) の変形モデルである「単純接近可能性モデル（mere-accessibility model）」を、4つの実験結果にもとづいて提唱している。このモデルによれば、ある情報の接近可能性そのものが診断性の手がかりとなり、診断性の程度を決定している。特に、情報の診断性を評定する動機づけや能力が低いとき、判断のための情報は接近可能であるだけで十分であるという。

　接近可能性、および診断性が消費者の情報処理過程に与える影響については、前章までの該当する箇所においてそれぞれ論じた。

1-2．先行研究

　接近可能性、および診断性を用いた研究は、近年、ますます多様化しつつある。

　Pham and Muthukrishnan (2002) は、消費者による「判断の修正（judgment revision）」についてのモデルを提起している。これによれば、消費者が記憶中の内部情報（ブランドに対する態度のような、過去に行った判断）に矛盾する外部情報に直面した際、次のように、内部情報の修正を行うという。①記

憶中の内部情報を探索する。②内部情報が接近可能であるとき、内部情報と外部情報との「整列 (alignment)」を行い、外部情報がどの程度診断的かを評定する。外部情報が診断的でなければ、外部情報に抵抗して内部情報をそのまま保持し、外部情報が診断的であれば内部情報を修正する。③内部情報が接近可能でないとき、内部情報を修正する。

Baker (2001) は、ブランド態度によるブランド選択の予測の精度が、次のようなときに低下することを実験によって明らかにした。①深い情報処理に対する動機づけが、ブランド態度の形成時よりブランド選択時において高いとき。②態度得点が高いブランドの情報が接近可能ではないとき、競合についての情報と同等かそれ以上に診断的であると知覚されないとき、またはいずれでもあるとき。③ブランド間で態度の違いがそれほどないとき。

Ahluwalia and Gurhan-Canli (2000) は、ブランド拡張における拡張先製品についての情報の接近可能性がファミリー・ブランドへの評価に与える影響を明らかにした。接近可能性が高いとき、拡張先のカテゴリーに関係なく、拡張先製品についての否定的な情報はファミリー・ブランドへの評価を低下させ、肯定的な情報は評価を向上させる。一方、接近可能性が低いとき、拡張先のカテゴリーとファミリー・ブランドとの距離によって、この影響が異なる。すなわち、両者が「近い」ときは「遠い」ときよりも否定的情報の影響が大きくなるが、両者が「遠い」ときは「近い」ときよりも肯定的情報の影響が大きくなる。

マーケティング・リサーチに対して実践的示唆をもたらす研究も見受けられる。Menon, Raghubir, and Schwarz (1995) は、調査において回答者が自らの行動頻度（テレビを見る頻度、自動販売機で清涼飲料を買う頻度など）をどのように推定するかを、3つの実験によって検証した。その結果、①記憶中の情報が接近可能であり、かつ診断的であるとき、文脈的情報 (contextual information) は用いられないこと、②接近可能であるが診断的でないとき、文脈的情報が診断的であれば用いられること、③記憶中の情報が接近可能でないとき、文脈的情報が診断的であるか疑わしい場合でもそれが用いられること、が明らかにされた。Fitzsimons and Morwetz (1996) は、購買意図の測定によって、特定のブランドに対する態度の接近可能性が高まり、結果とし

てその後の実際の購買行動が変化することを明らかにした。

2．解釈水準理論

2-1．概要

近年、心理学から「解釈水準理論（construal level theory）」が援用され、消費者行動研究においてもいくつかの研究成果が見られるようになった。解釈水準理論は、消費者の情報処理過程のあらゆる側面にかかわり、新規の製品やサービスの市場導入時におけるコミュニケーションに対して大きな示唆をもたらすため、本章において概観したい。

解釈水準理論とは、ある事象との「心理的距離（psychological distance）」の長短によってその事象に対する解釈水準が系統的に変化するという理論である。

心理的距離には、空間的距離と時間的距離がある。空間的距離とはある事象が生起する場所と現在の場所との隔たり（「遠い場所」か「近い場所」か）の知覚のことであり、時間的距離とは現在と事象が生起する将来との時間的な隔たり（「遠い将来」か「近い将来」か）の知覚をいう。一方、解釈水準とは、ある事象に対する解釈が抽象的（高水準）か具体的（低水準）かという程度のことである（表1）。

解釈水準理論によれば、ある事象との心理的距離（空間的距離、または時間的

表1　高水準解釈と低水準解釈との区別

高水準解釈	低水準解釈
抽象的	具体的
単純	複雑
構造的、一貫的	非構造的、非一貫的
脱文脈的	文脈的
一次的、中核的	二次的、表面的
上位	下位
目標と無関連	目標と関連

Trope, Y. and N. Liberman (2003), "Temporal Construal," *Psychological Review*, 110 (3), p. 405, Table 1.

距離）が長いほど高水準解釈が行われ、短いほど低水準解釈が行われるという。例えば、Day and Bartels (2008) は、遠い将来における 2 つの事象間の類似性が 2 つの事象のより抽象的な共通性や差異によって判断され、近い将来における 2 つの事象間の類似性が両者のより具体的な特徴によって判断されることを明らかにしている。この研究結果から、知覚上の時間的距離が類似性判断、および類似性判断にもとづくカテゴリー化にも影響をあたえることが示唆される。

2-2. 先行研究

解釈水準理論を用いた先行研究には、新規の製品やサービスの開発や市場導入時におけるコミュニケーションに示唆を与えるものが多い。

① コミュニケーション・メッセージとコミュニケーション成果との関係についての研究

一般に、遠い将来の事象に関係する（したがって高水準解釈が生じる）カテゴリーと、近い将来の事象に関係する（したがって低水準解釈が生じる）カテゴリーとでは、望ましいコミュニケーションのあり方が異なると考えられる。例えば、生命保険にかかわる事象はふつう相対的に遠い将来に発生するものであり、高水準解釈がもたらされやすい。したがって、より抽象的な便益の訴求（例えば、「家族の幸せ」）が有効であろう。これに対して、胃腸薬は購買後ただちに使用されるため、低水準解釈が生じる。したがって、より具体的な便益の訴求（例えば、「よく効く」）が望ましいと考えられる。

Liberman and Trope (1998) は、遠い将来の活動に関する意思決定は、目標状態の実現可能性よりも望ましさ (desirability) に影響を受け、逆に近い将来の活動に関する意思決定は、目標状態の望ましさよりも実現可能性 (feasibility) に影響を受けること、また、遠い将来についての計画は、時間の制約よりも活動の望ましさに影響を受けることを明らかにした。例えば、肥満予防のための健康飲料の訴求方法を考えよう。「1 週間で体重が減少する」ことを訴求するとき、消費者はそれが実際に可能か否かによってその製品の意思決定を行い、「遠い将来の成人病予防に貢献するかもしれない」というメッセージを訴求するとき、「健康で幸せな老後」の望ましさが意思決定に影

響を与えるかもしれない。あるいは、ある英語教材について「1ヶ月でTOEICのスコアが100点上がる」ことを訴求するとき、消費者は実際にそれが達成可能か否かによって購買意思決定を行い、「将来、英語を使って仕事ができるようになる」ことを訴求するとき、「英語を使って仕事をする楽しさ」によって意思決定を行うかもしれない。

　Chandran and Menon（2004）は、コミュニケーション・メッセージの枠組（framing）とリスク・コミュニケーションの効果との関係を実験によって検証した。実験では、健康被害が「毎日」発生するというメッセージ（時間的距離が短い条件）と「毎年」発生するというメッセージ（時間的距離が長い条件）をそれぞれ被験者に与え、それに対する反応の違いを測定した。その結果、「毎日」というメッセージを与えた被験者のほうが、「毎年」のメッセージを与えた被験者よりも、健康リスクへの知覚を向上させ、予防的行動をとる傾向を示した。

　Castaño, Sujan, Kacker, and Sujan（2008）は、消費者による新製品の採用を促すコミュニケーションは、採用によって得られる便益の不確実性と採用において負担するべき費用の不確実性を低減するものである必要がある、と論じている。彼らが行った実験では、新規の提供物の採用が遠い将来に行われるとき、採用することによって得られる便益についての不確実性（パフォーマンスの不確実性と象徴的便益の不確実性）に対する消費者の関心が高まり、近い将来に行われるとき、採用によってもたらされる費用の不確実性（切替費用に関する不確実性、および情緒的費用の不確実性）に対する関心が増大することが示された。

　また、彼らは、遠い将来に採用が予定されているとき、採用結果のシミュレーションを促すようなコミュニケーション方法が、パフォーマンスの不確実性を低下させること、象徴的便益の不確実性を低下させること、肯定的な感情を強化すること、購買意図を高めること、に対して効果的であることを示した。一方、近い将来に採用が行われるとき、採用過程のシミュレーション（採用の制約への対処のしかたに焦点を当てたシミュレーション）を促すようなコミュニケーション方法が、切替費用の不確実性の低減、不安の緩和、購買意図の向上において望ましいことが示された。そして、こういったコミュニケ

ーション方法が実際の採用率と消費後の満足を向上させることが明らかにされた。さらに、不確実性が高いほど、これらの方法が購買意図の向上に効果的であることも示された。

また、心理的距離とクチコミの効果との関係を扱った研究も見られる。Zhao and Xie（2011）は、遠い将来にかかわる意思決定では、近い将来にかかわる意思決定とくらべて、他者の推薦によって選好が増大することを明らかにした。さらに、「近い人々」（親しい人々）による推薦は、近い将来にかかわる選好の変化に影響を与え、「遠い人々」（それほど親しくない人々）による推薦は遠い将来にかかわる選好の変化に影響を与えること、すなわち、時間的距離と社会的距離とが一致するとき、他の人々による推薦の効果が増大することを示した。

② 解釈水準理論を用いたその他の研究

Lee and Ariely（2006）は、解釈水準理論に依拠して、「条件つきクーポン」の有効性を検証した。当初、のどの渇きをいやすものを購買するために小売店に入った人が、買物をするうちに飲み物の種類やブランドなどを具体的に決定するように、消費者は、買物の初期段階では商品をより抽象的な水準で処理するのに対し、買物の後の段階ではしだいに具体的な水準で処理するようになる。Leeらによれば、こういった現象は、解釈水準理論によって説明できるという。買物の初期段階では、購買までの時間的距離が長いため、高水準の処理（抽象度の高い処理）が行われるのに対し、後の段階になるほど、購買までの時間的距離が短くなり、低水準の処理（具体的な処理）が生じるというのである。Leeらは、コンビニエンス・ストアを使った実験を行い、消費者の買物目標がまだ具体化していない初期の段階では「何ドル以上購買すれば、何パーセントの割引が受けられる」という形式の「条件つきクーポン」が有効であることを明らかにした。

Hamilton and Thompson（2007）によれば、消費者による製品についての直接的経験（例えば新製品の試行）は、間接的経験（例えば製品についての説明を読むこと）と比較して、低水準解釈（すなわち具体的な解釈）をもたらすという。Hamiltonらは、製品についての直接的経験によって、「使いやすい」製品に対する選好が、「より望ましいにもかかわらず使いにくい」製品に対する

選好よりも高まることを、実験により明らかにした。Hamiltonらの実験結果から、サンプル、試供品の提供によって新しい製品についての直接的な経験を実現するプロモーションを行う際、製品の望ましさよりも、使いやすさを訴求することによって選好を高められる可能性を指摘することができる。ただし、自分自身ではなく他人のために製品を選択するとき、こういった効果は弱まるという。

解釈水準理論と制御焦点理論を用いた研究成果も見られる。Mogilner, Aaker, and Pennington（2008）は、購買が直後に行われるとき、予防焦点の製品が選好され、購買時期が後になるほど、促進焦点の製品が選好されることを明らかにした。Mogilnerらは、予防焦点の製品が選好される理由は、目の前にある購買目標の達成に失敗したときに受ける不快（pain）を回避することであり、促進焦点の製品が選好される理由は、時間的に離れて達成されるべき購買目標から得られる快（pleasure）に接近することである、と考察している。

2-3．本節のまとめ

解釈水準理論によれば、心理的距離の長短によって解釈水準が変化する。したがって、新規の製品やサービスの市場導入に際しては、消費者の心理的距離の長短（遠い将来か、近い将来か、など）、解釈水準（高水準解釈か低水準解釈か）、マーケティング対応、の3つの間で整合性を確保しなければならない。具体的には、保険商品や胃腸薬などの例のように、提供物のカテゴリーによって心理的距離が決定されるならば、それに適合する解釈水準にもとづいて、コミュニケーション計画を策定することができるであろう。あるいは、肥満予防のための健康飲料の例のように、心理的距離と解釈水準とが互いに一致している限り、同一の製品やサービスにおいて、長い心理的距離―高水準解釈に対応したコミュニケーションと、短い心理的距離―低水準解釈に対応したコミュニケーションの両方が可能になることもある。

1　第3章でも説明したが、情報処理が「選択的（selective）」であるとは、選択肢によって、あるいは属性によって情報処理量が変わることをいう。特定の選択肢、ある

いは特定の属性についてのみ詳細な情報処理が行われるとき、その情報処理は「選択的」であるという。反対に、すべての選択肢、あるいはすべての属性について情報処理量が変わらないとき、その情報処理は「一貫的(consistent)」であるという。

引用文献

日本語文献

青木　幸弘 (1993),「『知識』概念と消費者情報処理―研究の現状と課題―」,『消費者行動研究』, 1 (1), pp. 1-18.

青木　幸弘編著 (2011),『価値共創時代のブランド戦略』, ミネルヴァ書房。

秋本　昌士・韓　文熙 (2008),「参入タイミングと消費者の選好との関係―ブランド間の差異に注目して―」,『消費者行動研究』, 14 (1-2), pp. 1-24。

池尾　恭一 (1999),『日本型マーケティングの革新』, 有斐閣。

石井　淳蔵 (1993),『マーケティングの神話』, 日本経済新聞社。

石井　淳蔵 (1999),『ブランド　価値の創造』, 岩波書店。

大西　仁・鈴木　宏昭 (2001),『類似から見た心』, 共立出版。

恩蔵　直人 (1995),『競争優位のブランド戦略』, 日本経済新聞社。

恩蔵　直人 (2007),『コモディティ化市場のマーケティング論理』, 有斐閣。

神山　貴弥・藤原　武弘 (1991),「認知欲求尺度に関する基礎的研究」,『社会心理学研究』, 6 (3), pp. 184-192。

神山　貴弥・藤原　武弘 (1994),「認知欲求と消費者行動―意思決定方略の個人差について―」,『消費者行動研究』, 1 (2), pp. 45-61。

岸　志津江 (2004),「広告研究における消費者理解 (上)」,『日経広告研究所報』, 215, pp. 2-9。

嶋口　充輝 (1994),『顧客満足型マーケティングの構図』, 有斐閣。

嶋口　充輝・石井　淳蔵 (1987),『現代マーケティング』, 有斐閣。

清水　聰 (1999),『新しい消費者行動』, 千倉書房。

鈴木　宏昭 (2002),「類推の図式と制約」,『認知過程研究―知識の獲得とその利用―』, 放送大学教育振興会。

瀬戸　賢一 (1995),『メタファー思考』, 講談社。

髙尾　亨幸 (2003),「メタファー表現の意味と概念化」, 松本曜編『認知意味論』, 大修館書店。

武井　寿 (2007),「マーケティングとメタファー」,『早稲田商学』, 413・414, pp. 23-57。

竹村　和久 (2009),『行動的意思決定論　経済行動の心理学』, 日本評論社。

中島　義明・安藤　清志・子安　増生・坂野　雄二・繁桝　算男・立花　政夫・箱

田　裕司編（1999），『心理学辞典』，有斐閣。
中西　正雄編著（1984），『消費者行動のニューフロンティア』，誠文堂新光社。
『日経ビジネス』，2009年2月9日号。
新倉　貴士（2001），「カテゴリー化概念と消費者の選択行動」，『消費者行動研究のニュー・ディレクションズ』，関西学院大学出版会。
新倉　貴士（2005），『消費者の認知世界：ブランドマーケティング・パースペクティブ』，千倉書房。
『日経ビジネス』，2009年2月9日号，日経BP社。
松井　剛（2000），「消費社会の進歩主義的理解の再検討」，『一橋ビジネスレビュー』48（1・2），pp. 156-167。
間々田　孝夫（2005），『消費社会のゆくえ　記号消費と脱物質主義』，有斐閣。
籾山　洋介・深田　智（2003），「意味の拡張」，松本　曜編『認知意味論』，大修館書店。
山田　英夫（2007），『逆転の競争戦略　第3版』，生産性出版。
山本　昭二（2001），「適応的意思決定過程と選択行動」，『消費者行動研究のニュー・ディレクションズ』，関西学院大学出版会。
和田　充夫（2002），『ブランド価値共創』，同文舘出版。

外国語文献

Aaker, D. A. (1991), *Managing Brand Equity*, The Free Press.
Aaker, D. A. (1996), *Building Strong Brands*, The Free Press.
Aaker, D. A. (2004), *Brand Portfolio Strategy : Creating Relevance, Differentiation, Energy, Leverage, and Clarity*, Free Press.（阿久津　聡訳（2005），『ブランド・ポートフォリオ戦略』，ダイヤモンド社。）
Aaker, D. A. and K. L. Keller (1990), "Consumer Evaluations of Brand Extensions," *Journal of Marketing*, 54 (1), pp. 27-41.
Aaker, J. L. (2000), "Accessibility or Diagnosticity? Disentangling the Influence of Culture on Persuasion Processes and Attitudes," *Journal of Consumer Research*, 26 (4), pp. 340-357.
Aaker, J. L. and A. Y. Lee (2001), ""I" Seek Pleasures and "We" Avoid Pains : The Role of Self-Regulatory Goals in Information Processing and Persuasion," *Journal of Consumer Research*, 28 (1), pp. 33-49.
Aggarwal P. and M. Zhang (2006), "The Moderating Effect of Relationship Norm Salience on Consumers' Loss Aversion," *Journal of Consumer Research*,

33 (3), pp. 413-419.

Ahluwalia, R. and Z. Gurhan-CanliThe (2000), "Effects of Extensions of the Family Brand Name : An Accessibility-Diagnosticity Perspective," *Journal of Consumer Research*, 27 (3), pp. 371-381.

Alba, J. W. and A. Chattopadhyay (1985), "Effects of Context and Part-Category Cues on Recall of Competing Bands," *Journal of Marketing Research*, 22 (3), pp. 1-10.

Alba, J. W. and J. W. Hutchinson (1987), "Dimensions of Consumer Expertise," *Journal of Consumer Research*, 13 (4), pp. 411-453.

Alpert, F. H. and M. A. Kamins (1995), "An Empirical Investigation of Consumer Memory, Attitude, and Perceptions toward Pioneer and Follower Brands," *Journal of Marketing*, 59 (4), pp. 34-45.

Alpert, F. H., M. A. Kamins, and J. L. Graham (1992), "An Examination of Reseller Buyer Attitudes toward Order of Brand Entry," *Journal of Marketing*, 56 (3), pp. 25-37.

Aribarg, A. and N. Arora (2008), "Brand Portfolio Promotions," *Journal of Marketing Research*, 45 (4), pp. 391-402.

Bagozzi, R. P. and U. Dholokia (1999), "Goal Setting and Goal Striving in Consumer Behavior," *Journal of Marketing*, 63 (4), pp. 19-32.

Bagozzi, R. P. and K. Lee (1999), "Consumer Resistance to, and Acceptance of, Innovations," *Advances in Consumer Research*, 26, pp. 218-225.

Bahadir, S. C., S. G. Bharadwaj, and R. K. Srivastava (2008), "Financial Value of Brands in Mergers and Acquisitions : Is Value in the Eye of the Beholder?" *Journal of Marketing*, 72 (6), pp. 49-64.

Baker, W. E. (2001), "The Diagnosticity of Advertising Generated Brand Attitudes in Brand Choice Contexts," *Journal of Consumer Psychology*, 11 (2), pp. 129-139.

Barsalou, L. W. (1991), "Deriving Categories to Achieve Goals," *The Psychology of Learning and Motivation : Advances in Research and Theory*, 27, pp. 1-64.

Bass, F. (1969), "A New Product Growth Model for Consumer Durables," *Management Science*, 15 (5), pp. 215-227.

Bettman, J. R. (1979), *An Information Processing Theory of Consumer Choice*, Addison-Wesley.

Bettman, J. R., M. F. Luce, and J. W. Payne (1998), "Constructive Consumer

Choice Processes," *Journal of Consumer Research*, 25 (3), pp. 187-217.

Berlyne, D. E. (1960), *Conflict, Arousal and Curiosity*, McGraw-Hill.

Brenner, L., Y. Rottenstreich, S. Sood, and B. Bilgin (2007), "On the Psychology of Loss Aversion: Possession, Valence, and Reversals of the Endowment Effect," *Journal of Consumer Research*, 34 (3), pp. 369-376.

Brisoux, Jacques E. and Michel Laroche (1980), "A Proposed Consumer Strategy of Simplification for Categorizing Brands," in *Evolving Marketing Thought for 1980*, ed. J. D. Summey and R. D. Taylor, Southern Marketing Association, pp. 112-114.

Broniarczyk, S. M. and J. W. Alba (1994), "The Importance of the Brand in Brand Extension," *Journal of Marketing Research*, 31 (2), pp. 214-228.

Brown, C. and J. M. Lattin (1994), "Investigating the Relationship between Time in Market and Pioneering Advantage," *Management Science*, 40 (10), pp. 1361-1369.

Brucks, M. (1986), "A Typology of Consumer Knowledge Content," *Advances in Consumer Research*, 13, pp. 58-63.

Cacioppo, J. T. and R. E. Petty (1982), "The Need for Cognition," *Journal of Personality and Social Psychology*, 42 (1), pp. 116-131.

Cacioppo, J. T., R. E. Petty, Feinstein, and Jarvis (1996), "Dispositional Differences in Cognitive Motivation: The Life and Times of Individuals Varying in Need for Cognition," *Psychological Bulletin*, 119 (2), pp. 197-253.

Carpenter, G. S. and K. Nakamoto (1989), "Consumer Preference Formation and Pioneering Advantage," *Journal of Marketing Research*, 26 (3), pp. 285-298.

Castaño, R., M. Sujan, M. Kacker, and H. Sujan (2008), "Managing Consumer Uncertainty in the Adoption of New Products: Temporal Distance and Mental Simulation," *Journal of Marketing Research*, 45 (3), pp. 320-336.

Chakravarti, A. and C. Janiszewski (2003), "The Influence of Macro-Level Motives on Consideration Set Composition in Novel Purchase Situations," *Journal of Consumer Research*, 30 (2), pp. 244-258.

Chandran, S. and G. Menon (2004), "When a Day Means More than a Year: Effects of Temporal Framing on Judgments of Health Risk," *Journal of Consumer Research*, 31 (2), pp. 375-389.

Chandy, R. K. and G. J. Tellis (2000), "The Incumbents Curse: Incumbency, Size, and Radical Product Innovation," *Journal of Marketing*, 64 (3), pp. 1-17.

Chernev, A. (2004)[a], "Goal-Attribute Compatibility in Consumer Choice," *Journal of Consumer Psychology*, 14 (1, 2), pp. 141-150.

Chernev, A. (2004)[b], "Goal Orientation and Consumer Preference for the Status Quo," *Journal of Consumer Research*, 31 (3), pp. 557-565.

Chernev, A. (2005), "Context Effects without a Context: Attribute Balance as a Reason for Choice," *Journal of Consumer Research*, 32 (2), pp. 213-223.

Chernev, A. (2007)[a], "Jack of All Trades or Master of One? Product Differentiation and Compensatory Reasoning in Consumer Choice," *Journal of Consumer Research*, 33 (4), pp. 430-444.

Chernev, A. (2007)[b], "Perceptual Focus Effects in Choice," *Journal of Consumer Research*, 34 (2), pp. 187-199.

Chernev, A. and G. S. Carpenter (2001), "The Role of Market Efficiency Intuitions in Consumer Choice: A Case of Compensatory Inferences," *Journal of Marketing Research*, 38 (3), pp. 349-361.

Citrin, A. V., D. E. Sprott, S. N. Silverman, and D. E. Stem Jr. (2000), "Adoption of Internet Shopping: the Role of Consumer Innovativeness," *Industrial Management & Data Systems*, 100 (7), pp. 294-300.

Collins, A. M. and E. F. Loftus (1975), "A Spreading-Activation Theory of Semantic Processing," *Psychological Review*, 82 (6), pp. 407-428.

Craig, C. S. and J. L. Ginter (1975), "An Empirical Test of a Scale for Innovativeness," *Advances in Consumer Research*, 3, pp. 555-562.

Day, G. S. (2000), "Assessing Future Markets for New Technologies," in *Wharton on Managing Emerging Technologies*, ed. G. S. Day, J. H. Shoemaker, and R. E. Gunther, John Wiley & Sons.

Day, S. B. and D. M. Bartels (2008), "Representation over Time: The Effects of Temporal Distance on Similarity," *Cognition*, 106 (3), pp. 1504-1513.

Dickerson, M. D. and J. W. Gentry (1983), "Characteristics of Adopters and Non-Adopters of Home Computers," *Journal of Consumer Research*, 10 (2), pp. 225-35.

Drucker, P. F. (1954), *The Practice of Management*, HarperBusiness.（上田惇生訳（1996），『新訳 現代の経営 上』，ダイヤモンド社。）

Drucker, P. F. (1985), *Innovation and Entrepreneurship,* HarperBusiness.（上田惇生訳（1997），『新訳 イノベーションと起業家精神 上』，ダイヤモンド社。）

Feldman, J. M. and J. G. Lynch (1988), "Self-Generated Validity and Other

Effects of Measurement on Belief, Attitude, Intention, and Behavior," *Journal of Applied Psychology*, 73 (3), pp. 421-435.

Fishbach A. and R. Dhar (2005), "Goals as Excuses or Guides: The Liberating Effect of Perceived Goal Progress on Choice," *Journal of Consumer Research*, 32 (3), pp. 370-377.

Fiske, D. R. and S. R. Maddi (1961), *Functions of Varied Experience,* Dorsey Press.

Fiske, S. T. and M. A. Pavelchak (1986), "Category-Based versus Piecemeal-Based Affective Responses: Developments in Schema-Triggered Affect," in *Handbook of Motivation and Cognition: Foundations of Social Behavior*, ed. R. M. Sorrentino and E. T. Higgins, Guilford Press, pp. 167-203.

Fitzsimons, G. J. and V. G. Morwitz (1996), "The Effect of Measuring Intent on Brand-Level Purchase Behavior," *Journal of Consumer Research*, 23 (1), pp. 1-11.

Fournier, S. (1998), "Consumers and Their Brands: Developing Relationship Theory in Consumer Research," *Journal of Consumer Research*, 24 (4), pp. 343-353.

Foxall, G. R. (1988), "Consumer Innovativeness: Novelty-Seeking, Creativity, and Cognitive Style," *Research in Consumer Behavior*, 3, pp. 79-113.

Foxall, G. R. (1995), "Cognitive Style of Consumer Initiators," *Technovation*, 15 (5), pp. 269-288.

Garcia, R. and R. Calantone (2002), "A Critical Look at Technological Innovation Typology and Innovativeness Terminology: A Literature Review," *Journal of Product Innovation Management*, 19 (2), pp. 110-132.

Gatignon, H. and T. S. Robertson (1985), "A Propositional Inventory for New Diffusion Research," *Journal of Consumer Research*, 11 (4), pp. 849-867.

Gatignon, H. and T. S. Robertson (1991), "Innovative Decision Processes," in *Handbook of Consumer Behavior*, ed. T. S. Robertson and H. H. Kassarjian, Prentice Hall, pp. 316-348.

Gentner, D. (1983), "Structure-Mapping: A Theoretical Framework for Analogy," *Cognitive Science*, 7 (2), pp. 155-170.

Goldsmith, R. E. and C. F. Hofacker (1991), "Measuring Consumer Innovativeness," *Journal of the Academy of Marketing Science*, 19 (3), pp. 209-221.

Gourville, J. T. (2006), "Eager Sellers and Stony Buyers: Understanding the

Psychology of New-Product Adoption," *Harvard Business Review*, 84 (6), pp. 98-106.

Gregan-Paxton, J., J. Hibbard, F. Brunel, and P. Azar (2002), "So That's What That is: Examining the Impact of Analogy on Consumers' Knowledge Development for Really New Products," *Psychology and Marketing*, 19 (6), pp. 533-550.

Gregan-Paxton, J. and D. R. John (1997), "Consumer Learning by Analogy: a Model of Internal Knowledge Transfer," *Journal of Consumer Research*, 24 (3), pp. 266-284.

Gregan-Paxton, J. and P. Moreau (2003), "How do Consumers Transfer Existing Knowledge? A Comparison of Analogy and Categorization Effects," *Journal of Consumer Psychology*, 13 (4), pp. 422-30.

Hamilton, R. W. and D. V. Thompson (2007), "Is There a Substitute for Direct Experience? Comparing Consumers' Preferences after Direct and Indirect Product Experiences," *Journal of Consumer Research*, 34 (4), pp. 546-555.

Hebb, D. O. (1955), "Drives and the C. N. S. (Conceptual Nervous System)," *Psychological Review*, 62 (4), pp. 243-245.

Heilman, C. M., D. Bowman, and G. P. Wright (2000), "The Evolution of Brand Preferences and Choice Behaviors of Consumers New to a Market," *Journal of Marketing Research*, 37 (2), pp. 139-155.

Herzenstein, M., S. S. Posavac, and J. J. Brakus (2007), "Adoption of New and Really New Products: The Effects of Self-Regulation Systems and Risk Salience," *Journal of Marketing Research*, 44 (2), pp. 251-260.

Higgins, E. T. (1997), "Beyond Pleasure and Pain," *American Psychologist*, 52 (12) pp. 1280-1300.

Hirschman, E. C. (1980), "Innovativeness, Novelty Seeking, and Consumer Creativity," *Journal of Consumer Research*, 7 (4), pp. 283-295.

Hirschman, E. C. (1984), "Experience Seeking: A Subjectivist Perspective of Consumption," *Journal of Business Research*, 12 (1), pp. 115-136.

Hoeffler, S. (2003), "Measuring Preferences for Really New Products," *Journal of Marketing Research*, 40 (4), pp. 406-420.

Hoeffler, S., D. Ariely, and P. West (2006), "Path Dependent Preferences: The Role of Early Experience and Biased Search in Preference Development," *Organizational Behavior and Human Decision Processes*, 101 (2), pp. 215-229.

Holyoak, K. J. and P. Thagard (1989), "Analogical Mapping by Constraint Satisfaction," *Cognitive Science*, 13 (3), pp. 295-355.

Holyoak, K. J., and P. Thagard (1995), *Mental Leaps : Analogy in Creative Thought*, MIT Press.

Howard, J. (1963), *Marketing Management, Analysis and Planning*, Irwin.

Huber, J., J. W. Payne, and C. Puto (1982), "Adding Asymmetrically Dominated Alternatives : Violations of Regularity and the Similarity Hypothesis," *Journal of Consumer Research*, 9 (1), pp. 90-98.

Huff, L. C. and W. T. Robinson (1994), "Note : The impact of Leading Time and Years of Competitive Rivarly on Pioneer Market Share Advantage," *Management Science*, 40 (10), pp. 1370-1377.

Huffman, C., S. Ratneshwar, and D. G. Mick (2000), "Consumer Goal Structures and Goal Determination Processes: An Integrative Framework," in *The Why of Consumption : Contemporary Perspectives on Consumer Motives, Goals, and Desires*, ed. S. Ratneshwar, D. G. Mick, and C. Huffman, Routledge, pp. 9-35.

Inman, J. J., L. McAlister, W. D. Hoyer (1990), "Promotion Signal : Proxy for a Price Cut?" *Journal of Consumer Research*, 17 (1), pp. 74-81.

Inman, J. J., A. C. Peter, and P. Raghubir (1997), "Framing the Deal : The Role of Restrictions in Accentuating Deal Value," *Journal of Consumer Research*, 24 (1), pp. 68-79.

Jain, S. P., C. Lindsey, N. Agrawal, and D. Maheswaran (2007), "For Better or For Worse? Valenced Comparative Frames and Regulatory Focus," *Journal of Consumer Research*, 34 (1), pp. 57-65.

Kahneman, D., J. L. Knetch, and R. H. Thaler (1991), "The Endowment Effect, Loss Aversion and the Status Quo Bias," *Journal of Economic Perspectives*, 5 (1), pp. 193-206.

Kahneman, D. and A. Tversky (1979), "Prospect Theory : An Analysis of Decision under Risk," *Econometrica*, 47 (2), pp. 263-292.

Kanwar, R., J. C. Olson, and L. S. Sims (1981), "Toward Conceptualizing and Measuring Cognitive Structures," *Advances in Consumer Research*, 8, pp. 122-127.

Kapferer, J. (2008), *Strategic Brand Management 4th edition*, Kogan Page.

Kardes, F. R., and G. Kalyanaram (1992), "Order of Entry Effects on Consumer Memory and Judgment : An Information Integration Perspective," *Journal of*

Marketing Research, 29 (3), pp. 343-357.

Kardes, F. R., G. Kalyanaram, M. Chandrashekaran, and R. J. Dornoff (1993), "Brand Retrieval, Consideration Set Composition, Consumer Choice, and the Pioneering Advantage," *Journal of Consumer Research*, 20 (1), pp. 62-75.

Kardes, F. R., S. S. Posavac, and M. L. Cronley (2004), "Consumer Inference: A Review of Processes, Bases, and Judgment Contexts," *Journal of Consumer Psychology*, 14 (3), pp. 230-256.

Keller, K. L. (2003), *Strategic Brand Management: Building, Measuring, and Managing Brand Equity 3rd edition*, Prentice Hall.

Kerin, R., R. Vardarajan, and R. Peterson (1992), "First-Mover Advantage: A Synthesis, Conceptual Framework and Research Propositions," *Journal of Marketing*, 56 (4), pp. 33-52.

Kim, W. C. and R. Mauborgne (2005), *Blue Ocean Strategy: How to Create Uncontested Market Space and Make Competition Irrelevant*, Harvard Business School Press.（有賀裕子訳（2005），『ブルー・オーシャン戦略』，ランダムハウス講談社）。

Kotler, P. (2002), *Marketing Management 11th edetion*, Prentice Hall.

Lajos, J., Z. Katona, A. Chattopadhyay, and M. Sarvary (2009), "Category Activation Model: A Spreading Activation Network Model of Subcategory Positioning When Categorization Uncertainty Is High," *Journal of Consumer Research*, 36 (1), pp. 122-136.

Lakoff, G. and M. Johnson (1980), *Metaphors We Live by*, Chicago University Press.（渡部昇一・楠瀬淳三・下谷和幸訳（1986），『レトリックと人生』，大修館書店。）

Lam, S. K., M. Ahearne, Y. Hu, and N. Schillewaert (2010), "Resistance to Brand Switching When a Radically New Brand is Introduced: A Social Identity Theory Perspective," *Journal of Marketing*, 74 (6), pp. 128-146.

Lee, L. and D. Ariely (2006), "Shopping Goals, Goal Concreteness, and Conditional Promotions," *Journal of Consumer Research*, 33 (1), pp. 60-70.

Leuba, C. (1955), "Toward Some Integration of Learning Theories: The Concept of Optimum Stimulation," *Psychological Reports*, 1, pp. 27-33.

Liberman, M. B. and D. B. Montgomery (1988), "First-Mover Advantages," *Strategic Management Journal*, 9 (Summer Special Issue), pp. 41-58.

Liberman, N. and Y. Trope (1998), "The Role of Feasibility and Desirability

Considerations in Near and Distant Future Decisions: A Test of Temporal Construal Theory," *Journal of Personality and Social Psychology*, 75 (1), pp. 5-18.

Lichtenstein, S. and P. Slovic (2006), "The Construction of Preference: An Overview," in *The Construction of Preference*, ed. S. Lichtenstein and P. Slovic, Cambridge University Press, pp. 1-40.

Loken, B. (2006), "Consumer Psychology: Categorization, Inferences, Affect, and Persuasion," *Annual Review of Psychology*, 57, pp. 453-485.

Louro, M. J., R. Pieters, and M. Zeelenberg (2005), "Negative Returns on Positive Emotions: The Influence of Pride and Self-Regulatory Goals on Repurchase Decisions," *Journal of Consumer Research*, 31 (4), pp. 833-840.

Mahajan, V., E. Muller, and F. M. Bass (1990), "New Product Diffusion Models in Marketing: A Review and Directions for Research," *Journal of Marketing*, 54 (1), pp. 1-26.

Mahajan, V., E. Muller, and Y. Wind (2000), *New-Product Diffusion Models*, Springer.

Mandler, G. (1982), "The Structure of Value: Accounting for Taste," in *Affect and Cognition: The 17th annual Carnegie Symposium on Cognition*, ed. M. S. Clark and S. T. Fiske, Erlbaum, pp. 3-36.

Manning, K. C., W. O. Bearden, and T. J. Madden (1995), "Consumer Innovativeness and the Adoption Process," *Journal of Consumer Psychology*, 4 (4), pp. 329-346.

Mantel, S. P. and F. R. Kardes (1999), "The Role of Direction of Comparison, Attribute-Based Processing, and Attitude-Based Processing in Consumer Preference," *Journal of Consumer Research*, 25 (4), pp. 335-352.

Mao, H. and H. S. Krishnan (2006), "Effects of Prototype and Exemplar Fit on Brand Extension Evaluations: A Two-Process Contingency Model," *Journal of Consumer Research*, 33 (1), pp. 41-49.

Markman, A. B. and C. P. Moreau (2001), "Analogy and Analogical Comparison in Choice," in *The Analogical Mind: Perspectives from Cognitive Science*, D. Gentner, K. J. Holyoak, and B. N. Kokinov MIT Press, pp. 363-399.

Medin, D. L. and J. D. Coley (1998), "Concepts and categorization," in *Handbook of Perception and Cognition 2nd ed Perception and Cognition at Century's End: History, Philosophy, Theory*, ed. J. Hochberg, Academic Press, pp. 403-

439.

Menon, G. and P. Raghubir (2003), "Ease-of-Retrieval as an Automatic Input in Judgments : A Mere-Accessibility Framework?" *Journal of Marketing Research*, 30 (2), pp. 230-243.

Menon, G., P. Raghubir, and N. Schwarz (1995), "Behavioral Frequency Judgments: An Accessibility-Diagnosticity Framework," *Journal of Consumer Research*, 22 (2), pp. 212-228.

Meyers-Levy, J. and A. M. Tybout (1989), "Schema Congruity as a Basis for Product Evaluation," *Jaurnal of Consumer Research*, 16 (1), pp. 39-54.

Mick, D. G. and S. Fournier (1998), "Paradoxes of Technology: Consumer Cognizance, Emotions, and Coping Strategies," *Journal of Consumer Research*, 25 (2), pp. 123-143.

Midgley, D. F. and G. R. Dowling (1978), "Innovativeness: The Concept and Its Measurement," *Journal of Consumer Research*, 4 (4), pp. 229-242.

Mitchell, A. A. and P. A. Dacin (1997), "The Assessment of Alternative Measures of Consumer Expertise," *Journal of Consumer Research*, 23 (3), pp. 219-239.

Mogilner, C., J. L. Aaker, and G. L. Pennington (2008), "Time Will Tell: The Distant Appeal of Promotion and Imminent Appeal of Prevention," *Journal of Consumer Research*, 34 (5), pp. 670-681.

Mogilner, C., T. Rudnick, and S. S. Iyengar (2008), "The Mere Categorization Effect: How the Presence of Categories Increases Choosers' Perceptions of Assortment Variety and Outcome Satisfaction," *Journal of Consumer Research*, 35 (2), pp. 202-215.

Moon, Y. (2005), "Break Free from the Product Life Cycle," *Harvard Business Review*, 83 (5), pp. 87-94.

Moore, G. A. (1991), *Crossing the Chasm : Marketing and Selling Technological Products to Mainstream Customers*, HarperCollins.

Moreau, C., D. Lehmann, and A. B. Markman (2001), "Entrenched Knowledge Structures and Consumer Response to New Products," *Journal of Marketing Research*, 38 (1), pp. 14-29.

Moreau, C., A. B. Markman, and D. Lehmann (2001), "What is it? Categorization Flexibility and Consumers' Responses to Really New Products," *Journal of Consumer Research*, 27 (4), pp. 489-98.

Morgan, N. A. and L. L. Rego (2009), "Brand Portfolio Strategy and Firm Performance," *Journal of Marketing*, 73 (1), pp. 59-74.

Morgan, S. E. and T. Reichert (1999), "The Message is in the Metaphor: Assessing the Comprehension of Metaphors in Advertisements," *Journal of Advertising*, 28 (4), pp. 1-12.

Mourali, Böckenholt, and Laroche (2007), "Compromise and Attraction Effects under Prevention and Promotion Motivations," *Journal of Consumer Research*, 34 (2), pp. 234-247.

Murphy, G. L. and D. L. Medin (1985), "The Role of Theories in Conceptual Coherence," *Psychological Review*, 92 (3), pp. 289-316.

Nedungadi, P. (1990), "Recall and Consumer Consideration Sets Influencing Choice without Altering Brand Evaluations," *Journal of Consumer Research*, 17 (3), pp. 263-276.

Narayana, C. L. and R. J. Markin (1975), "Consumer Behavior and Product Performance: An Alternative Conceptualization," *Journal of Marketing*, 39 (4), pp. 1-6.

Niedrich, R. W. and S. D. Swain (2003), "The Influence of Pioneer Status and Experience Order on Consumer Brand Preference: A Mediated-Effects Model," *Journal of the Academy of Marketing Science*, 31 (4), pp. 468-480.

Nowlis, S. M., B. E. Kahn, and R. Dhar (2002), "Coping with Ambivalence: The Effect of Removing a Neutral Option on Consumer Attitude and Preference Judgments," *Journal of Consumer Research*, 29 (3), pp. 319-334.

Olshavsky, R. W. and R. A. Spreng (1996), "An Exploratory Study of the Innovation Evaluation Process," *Journal of Product Innovation Management*, 13 (6), pp. 512-529.

Park, C. W., D. J. MacInnis, J. Priester, A. B. Eisingerich, D. Iacobucci (2010), "Brand Attachment and Brand Attitude Strength: Conceptual and Empirical Differentiation of Two Critical Brand Equity Drivers," *Journal of Marketing*, 74 (6), pp. 1-17.

Park, C. W., S. Milberg, and R. Lawson (1991), "Evaluation of Brand Extensions: The Role of Product Feature Similarity and Brand Concept Consistency," *Journal of Consumer Research*, 18 (2), pp. 185-193.

Pawlowski, D. R., D. M. Badzinski, and N. Mitchell (1998), "Effects of Metaphors on Children's Comprehension and Perception of Print Advertisements,"

Journal of Advertising, 27 (2), pp. 83-98.

Payne, J. W., J. R. Bettman, and E. J. Johnson (1993), *The Adaptive Decision Maker*, Cambridge University Press.

Pearson, P. H. (1970), "Relationships between Global and Specified Measures of Novelty Seeking," *Journal of Consulting and Clinical Psychology*, 34 (2), pp. 199-204.

Petty, R. E. and J. T. Cacioppo (1986), *Communication and Persuasion : Central and Peripheral Routes to Attitude Change*, Springer-Verlag.

Pham, M. T. and E. T. Higgins (2005), "Promotion and Prevention in Consumer Decision-Making," in *Inside Consumption ; Consumer Motives, Goals, and Desires*, ed. S. Ratmeshwar and D. G. Mick, Routledge pp. 8-43.

Pham, M. T. and A. V. Muthukrishnan (2002), "Search and Alignment in Judgment Revision : Implications for Brand Positioning," *Journal of Consumer Research*, 39 (1), pp. 18-30.

Porter, M. (1980), *Competitive Strategy : Techniques for Analyzing Industries and Competitors*, The Free Press.

Porter, M. (1985), *Competitive Advantage : Creating and Sustaining Superior Performance*, The Free Press.

Price, L. L. and N. M. Ridgway (1983), "Development of a Scale to Measure Use Innovativeness," *Advances in Consumer Research*, 10, pp. 679-684.

Quellar, S., T. Schell, and W. Mason (2006), "A Novel View of Between-Categories Contrast and Within-Category Assimilation," *Journal of Personality and Social Psychology*, 91 (3), pp. 406-422.

Raju, P. S. (1980), "Optimum Stimulation Level : Its Relationship to Personality, Demographics, and Exploratory Behavior," *Journal of Consumer Research*, 7 (3), pp. 272-282.

Raju, P. S. (1981), "Theories of Exploratory Behavior : Review and Consumer Research Implications," in *Research in Marketing*, ed. J. N. Sheth, 4, pp. 223-249.

Ram, S. (1989), "Succesfull Innovation Using Strategies to Reduce Consumer Resistance ; An Empirical Test," *Journal of Product Innovation Management*, 6 (1), pp. 20-34.

Ram, S. and J. N. Sheth (1989), "Consumer Resistance to Innovations : the Marketing Problem and its Solutions," *The Journal of Consumer Marketing*,

6 (2), pp. 5-14.
Ratneshwar, S., L. W. Barsalou, C. Pechmann, and M. Moore (2001), "Goal-Derived Categories: The Role of Personal and Situational Goals in Category Representations," *Journal of Consumer Psychology*, 10 (3), pp. 147-157.
Ratneshwar, S., C. Pechmann, and A. D. Shocker (1996), "Goal-Derived Categories and the Antecedents of Across-Category Consideration", *Journal of Consumer Research*, 23 (3), pp. 240-250.
Rettie, R., S. Hilliar, and F. Alpert (2002), "Pioneer Brand Advantage with UK Consumers," *European Journal of Marketing*, 36 (7, 8), pp. 895-911.
Robertson, T. S. (1967), "The Process of Innovation and the Diffusion of Innovation," *Journal of Marketing*, 31 (1), pp. 14-19.
Roehm, M. L. and B. Sternthal (2001), "The Moderating Effect of Knowledge and Resources on the Persuasive Impact of Analogies," *Journal of Consumer Research*, 28 (2), pp. 257-272.
Rogers, E. M. (1962), *Diffusion of Innovations*, Free Press.
Rogers, E. M. (2003), *Diffusion of Innovations the 5th edition*, Free Press.
Rogers, E. M. and F. F. Shoemaker (1971), *Communication of Innovations ; A Cross-Cultural Approach*, Free Press.
Rosch, E. (1978), "Principles of Categorization," in *Cognition and Categorization*, ed. E. Rosch and B. B. Lloyd, Erlbaum, pp. 27-47.
Rosch, E., C. B. Mervis, W. D. Gray, D. M. Johnson, and P. Boyes-Braem (1976), "Basic Objects in Natural Categories," *Cognitive Psychology*, 8 (3), pp. 382-439.
Russell, G. J., S. Ratneshwar, A. D. Shocker, D. Bell, A. Bodapati, A. Degeratu, L. Hildebrandt, N. Kim, S. Ramaswami, and V. H. Shankar (1999), "Multiple-Category Decision-Making: Review and Synthesis," *Marketing Letters*, 10 (3), pp. 319-332.
Samuelson, W. and R. Zeckhause (1988), "Status Quo Bias in Decision Making," *Journal of Risk and Uncertainty*, 1 (1), pp. 7-59.
Sengupta, J. and G. V. Johar (2002), "Effects of Inconsistent Attribute Information on the Predictive Value of Product Attitudes: Toward a Resolution of Opposing Perspectives," *Journal of Consumer Research*, 29 (1), pp. 39-56.
Sheth, J. N. (1981), "Psychology of Innovation Resistance: The Less Developed Concept (LDC) in Diffusion Research", in *Research in Marketing*, ed. J. N.

Sheth, 4, pp. 273-282.

Shocker, A. D., B. L. Bayus, and N. Kim (2004), "Product Complements and Substitutes in the Real World: The Relevance of 'Other Products'," *Journal of Marketing*, 68 (1), pp. 28-40.

Simon, H. A. (1955), "A Behavioral Model of Rational Choice," *Quarterly Journal of Economics*, 69 (1), pp. 99-118.

Simonson, I. (1989), "Choice Based on Reasons: The Case of Attraction and Compromise Effects," *Journal of Consumer Research*, 16 (2), pp. 158-174.

Slywotzky, A. J. and D. J. Morrison (1997), *The Profit Zone : How Strategic Business Design Will Lead You to Tomorrow's Profits*, Crown Business.（恩蔵直人・石塚 浩訳,『プロフィット・ゾーン 経営戦略 真の利益中心型ビジネスへの革新』, ダイヤモンド社。）

Soman, D. and A. Cheema (2004), "When Goals Are Counterproductive: The Effects of Violation of a Behavioral Goal on Subsequent Performance," *Journal of Consumer Research*, 31 (1), pp. 52-62.

Steenkamp, J. E. M. and H. Baumgartner (1992), "The Role of Optimum Stimulation Level in Exploratory Consumer Behavior," *Journal of Consumer Research*, 19 (3), pp. 434-448.

Sujan, M. (1985), "Consumer Knowledge: Effects on Evaluation Strategies Mediating Consumer Judgments," *Journal of Consumer Research*, 12 (1), pp. 31-46.

Sujan, M. and J. R. Bettman (1989), "The Effects of Brand Positioning Strategies on Consumers' Brand and Category Perceptions: Some Insights from Schema Research," *Journal of Marketing Research*, 26 (4), pp. 454-467.

Summers, J. O. (1971), "Generalized Change Agents and Innovativeness," *Journal of Marketing Research*, 8 (3), pp. 313-316.

Thaler, R. (1980), "Towards a Positive Theory of Consumer Choice," *Journal of Economic Behavior and Organization*, 1 (1), pp. 39-60.

Trope, Y. and N. Liberman (2003), "Temporal Construal," *Psychological Review*, 110 (3), pp. 403-421.

Tversky, A. (1977), "Features of Similarity," *Psychological Review*, 84 (2), pp. 327-352.

Urban, G. L., J. R. Hauser, and N. Dholakia (1987), *Essentials of New Product Management*, Prentice-Hall.

Van Osselaer, S. M. J., S. Ramanathan, M. C. Campbell, J. B. Cohen, J. K. Dale, P. M. Herr, C. Janiszewski, A. W. Kruglanski, A. Y. Lee, S. J. Read, J. E. Russo, and N. T. Tavassoli (2005), "Choice Based on Goals," *Marketing Letters*, 16 (3, 4), pp. 335-346.

Venkatraman, M. and L. Price (1990), "Differentiating between Cognitive and Sensory Innovativeness: Concepts, Measurements and Implications," *Journal of Business Research*, 20 (4), pp. 293-315.

Walker, B., R. Celsi and J. C. Olson, (1987), "Exploring the Structural Characteristics of Consumers' Knowledge," *Advances in Consumer Research*, 14, pp. 17-21.

Wood, S. and J. Swait (2002), "Psychological Indicators of Innovation Adoption: The Interaction of Need for Cognition and Need for Change," *Journal of Consumer Psychology*, 12 (1), pp. 1-13.

Yamauchi, T. and A. B. Markman (2000), "Inference Using Categories," *Journal of Experimental Psychology: Learning, Memory, and Cognition*, 26 (3), pp. 776-795.

Zaltman, G. (2003), *How Customers Think*, Harvard Business School Press. (藤川佳則・阿久津聡訳,『心脳マーケティング』,ダイヤモンド社。)

Zhang, S. and A. B. Markman (1998), "Overcoming the Early Entrant Advantage: The Role of Alignable and Non-alignable Differences," *Journal of Marketing Research*, 35 (4), pp. 413-426.

Zhang, S. and S. Sood (2002), "Deep and Surface Cue: Brand Extension Evaluations by Children and Adults," *Journal of Consumer Research*, 29 (1), pp. 129-141.

Zhao, M. and J. Xie (2011), "Effects of Social and Temporal Distance on Consumers' Responses to Peer Recommendations," *Journal of Marketing Research*, 48 (3), pp. 486-496.

Zhu, R. and J. Meyers-Levy (2007), "Exploring the Cognitive Mechanism that Underlies Regulatory Focus Effects," *Journal of Consumer Research*, 34 (1), pp. 89-96.

Zuckerman, M. (1979), *Sensation Seeking: Beyond the Optimal Level of Arousal*, Erlbaum.

事項索引

あ　行

意思決定方略　　32, 113
イノベーション　　1, 8, 14
　　――の類型化　　9
　　――への抵抗　　6
意味ネットワーク　　46
演繹的推論　　39

か　行

解釈水準理論　　160
概念メタファー　　74
革新性　　8, 14
価値　　8, 104
カテゴリー　　59
　　――にもとづく情報処理　　65, 71
　　――の構造　　63
カテゴリー化　　20, 60
カテゴリー間の関係　　76
カテゴリー・ラベル　　62
感覚的側面における革新性　　136
関係論　　14, 16, 18, 22
記憶にもとづく推論　　39
既存属性の削減　　87, 102
既存属性の便益増大　　87
既存属性の便益低減　　87, 102
帰納的推論　　39
キャズム　　1, 3
共通性　　20, 59, 84
限定合理性　　29
高水準解釈　　160
構成的選好　　25
構成的選択　　25
構造写像理論　　69
構造整列理論　　87

行動的意思決定研究　　19
後発ブランド　　89, 99
考慮集合　　108
個別的整合性にもとづくブランディング　　139

さ　行

差異　　21, 86
最適刺激水準　　127
採用過程　　6
採用時期　　126
刺激にもとづく推論　　39
自己制御　　52
市場参入タイミング　　88
実体論　　14
自発的推論　　40
消費者情報処理パラダイム　　20, 26
消費者の革新性　　130
　　――の多次元性　　134
　　――の抽象度　　131
　　――の領域固有性　　130
消費者の個人要因　　6
消費者の独立判断　　127
消費者の目標　　45, 62, 109
情報取得　　65
新規性　　8, 72
　　――の類型　　86
新奇性　　9
新奇性追求　　129
新規属性の追加　　87
診断性　　27, 111, 157
心理的距離　　160
推論　　38
正確性　　31
制御参照　　52
制御焦点　　51, 111, 114

制御予期　　　52
静態的関係　　　77
静態的視点によるブランディング
　　　139
接近―回避　　　52
接近可能性　　　27, 41, 48, 111, 157
全体的整合性にもとづくブランディング
　　　141
先発ブランド　　　88, 98
相対的情報処理　　　16

　　　　　　　た　行

代替関係　　　76, 80
妥協効果　　　118
多重制約理論　　　69
単一判断　　　39
知覚焦点効果　　　123
低水準解釈　　　160
適応的意思決定者　　　29
適合　　　139
同化と対比　　　66
動態的関係　　　79

　　　　　　　な　行

認知的側面における革新性　　　136
認知的努力　　　31, 59
認知欲求　　　129

　　　　　　　は　行

Bass モデル　　　1
比較判断　　　39

費用　　　104
評価　　　65
普及理論　　　1, 2
ブランディング　　　138
ブランド・アーキテクチュア　　　141
ブランド・アイデンティティ　　　146
ブランド拡張　　　139
ブランド価値の共創　　　154
ブランドと顧客との関係　　　151
ブランドの意味　　　148
プロスペクト理論　　　55
便益　　　104
補完関係　　　76, 80
補完的推論の効果　　　120

　　　　　　　ま　行

魅力効果　　　116
メタファー　　　20, 73
目標の階層性　　　47
目標の構造　　　46
目標の種類　　　45
目標の遂行　　　48
目標の設定　　　48

　　　　　　　や　行

4つの目標　　　31

　　　　　　　ら　行

類似性　　　20, 59, 84
類推　　　20, 68
連想ネットワーク　　　46

著者紹介

秋 本 昌 士（あきもと　まさし）

略　歴

1970年　兵庫県に生まれる
1994年　横浜市立大学商学部卒業
2001年　早稲田大学大学院商学研究科修士課程修了
2003年　早稲田大学産業経営研究所助手
2006年　早稲田大学大学院商学研究科博士後期課程単位取得退学
同　年　中村学園大学流通科学部専任講師
2010年　愛知学院大学商学部専任講師
2011年　愛知学院大学商学部准教授（現職）

主要業績

『現代マーケティング論』（共著：実教出版，2006年）
『１からのマーケティング分析』（共著：碩学舎，2010年）

イノベーションの消費者行動

2012年３月25日　初版第１刷発行

著　者	秋　本　昌　士	
発行者	阿　部　耕　一	

〒162-0041　東京都新宿区早稲田鶴巻町514番地
発行所　株式会社　成　文　堂
電話　03(3203)9201(代)　Fax　03(3203)9206
http://www.seibundoh.co.jp

検印省略

☆乱丁・落丁本はお取り替えいたします☆
©2012　M. AKIMOTO　Printed in Japan
ISBN 978-4-7923-4239-5　C3033

定価(本体 3400 円＋税)